数据赋能：打造高效能的人力资源管理体系

杨玲玲　张　舒　马秀明◎著

中国华侨出版社

·北京·

图书在版编目（CIP）数据

数据赋能：打造高效能的人力资源管理体系 / 杨玲玲，张舒，马秀明著. -- 北京：中国华侨出版社，2024.10. -- ISBN 978-7-5113-9327-2

Ⅰ．F243

中国国家版本馆 CIP 数据核字第 2024AG8046 号

数据赋能：打造高效能的人力资源管理体系

著　　者：杨玲玲　张　舒　马秀明

责任编辑：陈佳懿

封面设计：徐晓薇

开　　本：710mm×1000mm　1/16 开　印张：13.25　字数：195 千字

印　　刷：北京四海锦诚印刷技术有限公司

版　　次：2025 年 3 月第 1 版

印　　次：2025 年 3 月第 1 次印刷

书　　号：ISBN 978-7-5113-9327-2

定　　价：68.00 元

中国华侨出版社　北京市朝阳区西坝河东里 77 号楼底商 5 号　邮编：100028

发行部：(010) 88893001　　　传　真：(010) 62707370

如果发现印装质量问题，影响阅读，请与印刷厂联系调换。

前 言

随着信息时代的到来,大数据、云计算、人工智能等技术的迅猛发展为现代企业管理带来了前所未有的机遇与挑战。在这样的背景下,企业不仅需要应对市场环境的变化,更需要不断探索内部管理机制的革新,以期在激烈的市场竞争中立于不败之地。人力资源作为组织发展的核心要素之一,其管理方式正经历着由传统向现代化的深刻转变。本书旨在探讨如何通过数据驱动的方式,构建更加科学、高效的人力资源管理体系,助力企业在新经济形势下实现可持续发展。

近年来,"以人为本"的理念日益深入人心,人力资源管理的重要性越发凸显。从战略层面到操作层面,从招聘选拔到培训发展,再到绩效评估与薪酬福利管理,每一个环节都离不开精准的数据支持。通过对海量数据的有效分析与应用,不仅可以提升决策效率,还能更好地激发员工潜能,增强团队凝聚力,最终推动企业的整体竞争力提升。

本书聚焦于如何利用先进的信息技术手段,如大数据分析、人工智能等工具,在人力资源管理各个环节中实现价值最大化。我们深入剖析了人力资源规划、招聘选拔、培训发展、绩效考核、薪酬福利和企业文化建设等方面,并结合实际案例,展示数据赋能对于打造高效能人力资源管理体系的重要作用。同时,本书也强调了科技对于人力资源管理创新的意义。在数智化时代背景下,如何借助科技力量实现人力资源管理模式上的突破,成为当今管理者必须面对的问题。本书详细介绍了科技创新管理路径、长期主义视角下的科技人力资源管理以及模式创新的具体实践方法。值得一提的是,《数据赋能:打造高效能的人力资源管理体系》并非仅停留在理论层面,而是力求将抽象的概念转化为可操作性强的实务指南,为读者提供从理论框架到实践应用的一站式解决方案。无论是对于企业管理层还是具体执行人员而言,本书都将是一本极具参考价值的手册,帮助读者在复杂多变的环境中,找到适合自身特点的人力资源管理之道。

总之,《数据赋能:打造高效能的人力资源管理体系》是一次对传统人力资源管理理论与实践的全面升级,它既是对过往经验的总结提炼,也是对未来趋势的前瞻性展望。我们希望本书能够为广大读者提供有价值的洞见与启示,共同推动人力资源管理领域向着更加科学化、智能化的方向迈进。

因能力有限,若本书存在疏漏与错误,请读者教正,我们将进行改正,并表示诚挚的感谢。

目　录

第一章　人力资源管理导论 ······················ 1

- 第一节　人力资源概述 ······················ 1
- 第二节　人力资源管理理论基础 ······················ 10
- 第三节　人力资源管理 ······················ 36

第二章　高效能的人力资源规划与职位体系构建 ······················ 44

- 第一节　人力资源规划 ······················ 44
- 第二节　职位体系管理 ······················ 59

第三章　高效能的人力资源招聘与培训途径 ······················ 75

- 第一节　构建有效的企业员工聘用体系 ······················ 75
- 第二节　制订专业的员工培训与开发方案 ······················ 88

第四章　高效能的人力资源绩效与待遇管理 ······················ 108

- 第一节　提高有效的绩效管理 ······················ 108
- 第二节　员工薪酬体系设计与优化 ······················ 120
- 第三节　员工福利管理的理论与实务 ······················ 131

第五章　高效能的人力资源企业文化建设与员工满意度管理 ······················ 142

- 第一节　促进企业文化的专业建设 ······················ 142
- 第二节　提升员工满意度的管理体系 ······················ 149

第六章　科技人力资源管理创新 ················ 158

第一节　数智化时代下科技创新管理路径 ········ 158
第二节　科技人力资源管理的长期主义 ········· 164
第三节　科技人力资源管理的模式创新 ········· 172

第七章　人力资源管理体系的创新优化 ············ 180

第一节　人力资源管理体系的数字化创新 ········ 180
第二节　数据赋能人力资源体系设计与实现 ······ 185
第三节　人力资源云平台的创新策略及其实施路径 ·· 190

参 考 文 献 ································· 204

第一章　人力资源管理导论

第一节　人力资源概述

一、人力资源的含义

（一）资源

按照逻辑从属关系，人力资源属于资源这一大的范畴，是资源的一种具体形式。因此，在解释人力资源的含义之前，有必要对资源进行简要的说明。

资源是人类赖以生存的基础，是指一国或一定地区内拥有的人力、物力、财力等各种物质要素的总称。管理学称资源是管理的对象，包括有形资源和无形资源，即分为物质资源与劳动力资源两大类。恩格斯的定义是，劳动和自然界在一起，它才是一切财富的源泉，自然界为劳动提供材料，劳动把材料转变为财富。资源分为自然资源和社会资源两大类。经济学研究的是不同地理位置的自然资源和劳动力资源的周而复始，两种资源的有机结合产生物质资源，经济学还要研究如何使物质资源和劳动力资源周而复始产生最大物质价值的内在规律。

（二）人力资源

本书对人力资源的定义：能够推动整个经济和社会发展的具有智力劳动能力和体力劳动能力的劳动者的总和，包括数量和质量两个维度。

人力资源在宏观意义上以国家和地区为单位，在微观意义上以部门和企事业单位为单位。人力资源最基本的方面，包括体力和智力；完整的概念，包括体力、智力、知识和技能四个方面。人力资源不同于一般的资源，它的特殊性主要表现在以下四个方面。

① 人力资源是一种"活"资源，而物质资源是一种"死"资源。物质资源

只有通过人力资源的有效开发、加工和制造才会产生价值。

② 人力资源是指存在于人体内的体力资源和智力资源。从企业的角度考察人力资源，则是指能够推动整个企业发展的劳动者能力的总和，包括数量和质量两个维度。从数量的角度划分，人力资源包括现实的劳动能力和潜在的劳动能力；从质量的角度划分，人力资源包括体力劳动能力和智力劳动能力。

③ 人力资源是创造利润的主要来源，特别是在高新技术行业，人力资源的创新能力是企业利润的源泉。

④ 人力资源是企业可以开发的资源，人的创造能力是无限的，通过对人力资源的有效管理可以极大地提高企业的生产效率，从而实现企业的目标。

二、人力资源的构成

作为一种资源，人力资源同样具有量与质的规定性。由于人力资源是依附于人身上的劳动能力，和劳动者密不可分，可以用劳动者的数量和质量来反映人力资源的概念与内容。

（一）人力资源数量

1. 人力资源绝对数量

（1）人力资源数量构成

人力资源绝对数量在宏观层面上，指的是一个国家或地区中具有劳动能力的人口总数。

人力资源绝对数量=（劳动适龄人口数−劳动适龄人口中丧失劳动能力的人口数）+非劳动适龄人口中具有劳动能力的人口数

在现实中，劳动适龄人口中存在一些丧失劳动能力的病残人口，还存在一些因为各种原因不能参加社会劳动的人口，如在校就读的学生。在劳动适龄人口之外，也存在一些具有劳动能力，正在从事社会劳动的人口，如退休返聘人员。

人力资源绝对数量具体包括：

① 劳动适龄就业人口；

② 未成年就业人口；

③ 老年就业人口；

④ 失业、求业、待业人口；

⑤ 求学人口；

⑥ 家务劳动人口；

⑦ 军队服役人口；

⑧ 劳动适龄的其他人口；

⑨ 劳动适龄的病残人口。

在人口总量一定的条件下，人口的年龄构成直接决定了人力资源的数量，即人力资源数量＝人口总量×劳动适龄人口比例。要调整人口的年龄构成，须对人口出生率、人口自然增长率进行调节。

（2）人口迁移

人口迁移，即人口的地区间流动，其主要影响因素是经济发展状况。人口迁移的主要部分是劳动力人口。人口迁移规律：从生活水平低的地区向生活水平高的地区迁移；从收入水平低的地区向收入水平高的地区迁移；从发展前景差的地区向发展前景好的地区迁移。

2. 人力资源相对数量

人力资源率＝（人力资源绝对数量÷总人口）×100%，是反映经济实力和经济发展潜力的重要指标。人力资源率越高，表明该国家或地区的经济具有某种优势。

影响人力资源数量的因素主要有以下两个方面。

（1）人口的总量

人口的总量由人口基数和自然增长率两个因素决定，自然增长率又取决于出生率和死亡率，用公式表示如下：

$$人口总量 = 人口基数 \times [1+(出生率-死亡率)]$$

（2）人口的年龄结构

相同的人口总量下，不同的年龄结构会使人力资源的数量有所不同。劳动适龄人口在人口总量中所占的比重较大时，人力资源的数量相对会比较多；相反，人力资源的数量相对会比较少。

（二）人力资源质量

人力资源是人所具有的脑力和体力，因此劳动者的素质就直接决定了人力资源的质量。人力资源质量的最直观表现是人力资源或劳动要素的体质水平、文化水平、专业技术水平、道德水平和心理素质的高低等。

劳动者的素质由体能素质和智能素质构成。就劳动者的体能素质而言，又有先天体质和后天体质之分；智能素质包括经验知识和科学技术知识两个方面，而科学技术知识又可以分为通用知识和专业知识两个部分。此外，劳动者的积极性和心理素质是劳动者发挥其体力和脑力的重要条件。

在人力资源对经济发展的贡献中，智能因素的作用越来越大，体能因素的作用逐渐降低；智能因素中，科技知识的作用在不断上升，经验知识的作用相对下降。就现代科学知识和技术能力而言，存在着"老化"和"更新"速度不断加快的规律性，与这一趋势相适应，劳动者的类型也发生了变化。

在这个链条中，第一类劳动者全凭体力去劳动；第二类劳动者具有一定文化，但劳动还是以体力劳动为主；第三类劳动者具有较高的文化，劳动已不再是以体力为主，他们主要与机械技术相联系；第四类劳动者以专业技术为主，基本上摆脱了体力劳动，他们是与当代和将来的自动化技术联系在一起的。

与人力资源的数量相比，其质量更重要。一般来说，复杂的劳动只能由高质量的人力资源来从事，简单劳动则可以由低质量的人力资源从事。经济越发展，技术越现代化，对人力资源质量的要求越高，现代化的生产体系要求人力资源具有极高的质量水平。人力资源质量对数量的替代性较强，而数量对质量的替代性较差，甚至不能替代。

人力资源质量综合体现在劳动者个体和整体的健康状况、知识水平、技能水平等方面。提高人力资源质量是现代人力资源开发的重要目标和方向，尤其是在以信息、知识和技术密集为特征的知识经济时代，只有真正拥有高质量的人力资源，才能具备核心竞争力。

三、人力资源与相关概念

(一) 人力资源与人口资源、人才资源

人口资源是指一个国家或地区所拥有的人口的总量，它是一个最基本的底数，一切人力资源、人才资源皆产生于这个最基本的资源中，它主要表现为人口的数量。人才资源是指一个国家或地区中具有较多科学知识、较强劳动技能，在价值创造过程中起关键或重要作用的那部分人。人才资源是人力资源的一部分，即优质的人力资源。

人力资源、人口资源和人才资源三个概念的本质是有所不同的，人口资源和人才资源的本质是人，而人力资源的本质则是脑力和体力，从本质上来讲，它们之间并没有什么可比性。就人口资源和人才资源来说，它们关注的重点不同，人口资源更多的是一种数量概念，而人才资源更多的是一种质量概念。但是，三者在数量上却存在一种包含关系。

在数量上，人口资源是最多的，它是人力资源形成的数量基础，人口资源中具备一定脑力和体力的那一部分才是人力资源；而人才资源又是人力资源的一部分，是人力资源中质量较高的那部分，也是数量最少的。在比例上，人才资源是最小的，它是从人力资源中产生的，而人力资源又是从人口资源中产生的。

(二) 人力资源与人力资本

人力资源和人力资本也是容易混淆的两个概念，很多人甚至将它们通用，其实这两个概念是有一定区别的。

1. 资本与人力资本

"资本"一词，语义上有三种解释：一是指掌握在资本家手里的生产资料和用来雇用工人的货币；二是指经营工商业的本钱；三是指谋取利益的凭借。马克思认为，资本是那些能够带来剩余价值的价值。

对于人力资本的含义，被称为"人力资本之父"的美国著名经济学家西奥多·舒尔茨（Theodore W. Schultz）认为，人力资本是劳动者身上所具备的两种

能力：一种能力是先天遗传的，由个人与生俱来的基因所决定；另一种能力是个人努力学习而形成的。人力资本这种体现在具有劳动能力（现实或潜在）的人身上的、以劳动者的数量和质量表示的资本，需要通过投资才能够获得。

按照劳动经济学的观点，人力资本投资是通过增加人的资源而影响未来的货币和物质收入的各种活动。人力资本投资主要有以下四种形式。

（1）各级正规教育

这种投资形式增加了人力资本的知识存量，表现为人力资本构成中的普通教育程度，即用学历来反映人力资本存量。因此，我们可以依据劳动者接受学校教育的年限、劳动者的学历构成，清楚地判断和比较一个国家（或地区）、家庭和劳动者在某一特定时期的人力资本存量。

（2）职业技术培训

职业技术培训投资是人们为获得与发展从事某种职业所需要的知识、技能与技巧所发生的投资支出。这类投资方式主要侧重于人力资本构成中的职业、专业知识与技能存量，其表现是人力资本构构成中的专业技术等级。

（3）健康保健

用于健康保健、增强体质的费用也是人力资本投资的主要形式，这方面的投资效果主要表现为人口预期寿命的提高和死亡率的降低。

（4）劳动力迁移

劳动力流动费用本身并不能直接形成或增加人力资本存量，但通过劳动力的合理流动，在宏观上，可以实现人力资本的优化配置，调整人力资本分布的稀缺程度；在微观上，可以使人力资本实现最有效率和最获利的使用。因此，它是人力资本价值实现和增值的必要条件。

人力资本投资也包含着这样一种含义：在当前时期付出一定的成本并希望在将来能够带来收益，因此人们在进行人力资本投资时，会考虑收益和成本两个因素。只有当收益大于或等于成本时，人们才愿意进行人力资本的投资，否则，人们将不会进行人力资本投资。

2. 人力资源与人力资本的关系

人力资源与人力资本是既有联系又有区别的两个概念。人力资源和人力资本都是以人为基础而产生的概念，研究的对象都是人所具有的脑力和体力，从这一点看两者是一致的，两者都是研究人力作为生产要素在经济发展中的重要作用时产生的概念。现代人力资源管理理论大多是以人力资本理论为根据的，人力资本理论是人力资源管理理论的重点内容，人力资源经济活动及其收益的核算是基于人力资本理论进行的。

人力资源和人力资本虽然只有一字之差，但却有着本质的区别。人力资本可以看作所投入的物质资本在人身上所凝结的人力资源，人力资本存在于人力资源中。著名经济学家、清华大学教授魏杰指出，人力资本的概念不同于人力资源，人力资本专指企业中的两类人，即职业经理人和技术创新者，这两类人的作用是否得到充分发挥直接关系到企业是否具有竞争力和优势。企业应将人力变成资本，使其成为企业的财富，让其为企业所用，并不断增值，给企业创造更多的价值。人力资源与人力资本的区别主要表现在以下三个方面。

（1）两者所关注的重点不同

人力资本关注的是收益问题，作为资本，人们就会更多地考虑投入与产出的关系，会在乎成本，会考虑利润。人力资源关注的是价值问题，作为资源，人人都想要最好的，钱越多越好，技术越先进越好，人越能干越好。

（2）两者的性质不同

人力资源所反映的是存量问题，提到资源，人们更多考虑寻求与拥有。人力资本所反映的是流量与存量问题，提到资本，人们会更多地考虑如何使其增值生利。资源是未经开发的资本，资本是开发利用了的资源。

（3）两者的研究角度不同

人力资源是将人力作为财富的源泉，是从人的潜能与财富的关系来研究人的问题；人力资本是将人力作为投资对象，作为财富的一部分，是从投入与收益的关系来研究人的问题。

人力资源是被开发、待开发的对象。人力资源得不到合理开发，就不能形成强大的人力资本，也无法实现可持续发展。人力资本的形成和积累主要靠教育，如果没有教育，人力资源就得不到合理开发。重视教育，就是重视企业的发展，就是在开发人力资源和积累人力资本。现代企业仅将人力作为资源还不够，还应将人力资源合理开发利用和有效配置后变成人力资本。人力资本与人力资源相比的先进点主要在于后者只是立足于人的现有状况来挖掘潜力，这个阶段的人力资源管理技术偏重于激励手段和方式的进步；而人力资本则更偏重于人的可持续发展，重视通过培训和激励等"投资"手段来提高人的价值。

四、人力资源的性质

（一）人力资源的能动性

人力资源能有目的地进行改造外部世界的活动。人具有意识，这种意识不是低水平的动物意识，而是对自身和外部世界具有清晰看法的，对自身行动做出抉择的，调节自身与外部关系的社会意识。这种意识使人在社会生产中居于主导地位，使人力资源具有了能动作用，能够让社会经济活动按照人类自己的意愿发展。

（二）人力资源的双重性

人力资源具有生产性和消费性双重属性。人力资源既具有生产性，又具有消费性。人是财富的创造者和消费者，财富的创造必须与其他的生产要素相结合。劳动者在进行生产的同时，还要不断地进行生活消费，不仅本人要消费，而且要为不具备劳动能力的人提供必需的生活消费。因此，劳动者不仅是生产者，也是消费者。

（三）人力资源的生物性与社会性

一方面，人力资源存在于人体之中，是一种"活"的资源，与人的自然生理特征相联系。这既是生物性，也是人力资源最基本的特点。另一方面，人力资源还具有社会性。从一般意义上说，人力资源是处于一定社会范围的，它的形成要依赖社会，它的分配（或配置）要通过社会，它的使用要处于社会经济的分工体系之中，从本质上讲，人力资源是社会资源。

（四）人力资源的再生性

人力资源是一种可再生资源，其再生性即人口的再生产和劳动力的再生产，通过人口总体内各个体的不断替换更新和劳动力再生产的过程得以实现。人力资源的再生性不同于一般生物资源的再生性，除了遵守一般的生物学规律，它还受人类意识的支配和人类活动的影响。

（五）人力资源的时效性

人力资源的形成、开发、使用都具有时间方面的限制。从个体的角度看，作为生物有机体的人，有其生命周期；而作为人力资源的人，能从事劳动的自然时间又被限定在生命周期的中间一段，能够从事劳动的不同时期（青年、壮年、老年）其劳动能力也有所不同。

（六）人力资源的增值性

人力资源的再生产过程是一种增值的过程。从劳动者的数量来看，随着人口的不断增加，劳动者人数会不断增多，从而增大人力资源总量；从劳动者个人来看，随着教育的普及和教育水平的提高，科技的进步和劳动实践经验的积累，个人劳动能力会不断提高，从而增大人力资源存量。

五、人力资源的作用

（一）人力资源是财富形成的关键要素

人力资源是构成社会经济运动的基本前提。从宏观的角度看，人力资源不仅在经济管理中必不可少，而且是组合、运用其他各种资源的主体。也就是说，人力资源是能够推动和促进各种资源实现配置的特殊资源，它和自然资源一起构成了财富的源泉，在财富形成过程中发挥着关键性的作用。人力资源在自然资源向财富转化过程中起了重要的作用，它使自然资源转变成社会财富，人力资源的价值也同时得以转移和体现。人力资源的使用量决定了财富的形成量，在其他要素可以同比例获得并投入的情况下，人力资源的使用量越大，创造的财富就越多；反之就越少。

（二）人力资源是经济发展的主要力量

人力资源不仅决定着财富的形成，而且随着科学技术的不断发展，知识技能的不断提高，人力资源对价值创造的贡献力度也越来越大，社会经济发展对人力资源的依赖程度也越来越重。经济学家认为，知识、技术等人力资源的不断发展和积累直接推动物质资本的不断更新和发展。统计数据表明，知识和技术在发达国家的国民收入中所占的比重越来越高。目前世界各国都非常重视人力资源的开发和建设，力图通过不断提高人力资源的质量来实现经济和社会的快速发展。

（三）人力资源是企业的首要资源

企业是指集中各种资源，如土地、资金、技术、信息和人力等，通过有效的方式加以整合，从而实现自身利益最大化并满足利益相关者要求的组织。

在现代社会中，企业是组成社会经济系统的细胞单元，是社会经济活动中最基本的经济单位，是价值创造的最主要的组织形式。企业要想正常运转，就必须投入各种资源，而在企业投入的各种资源中，人力资源是首要资源。人力资源的存在和有效利用能够充分激活其他物化资源，从而实现企业的目标。

第二节 人力资源管理理论基础

一、人性假设理论

人力资源管理是对人进行的管理，因此，对人的看法不一样，所制定的管理政策和所采用的管理措施也就会有所不同。著名管理学家道格拉斯·麦格雷戈（Douglass M·McGregor）在其著作《企业的人性方面》指出："任何管理的决策与措施，都是依据有关人性与其行为的假设。"可见，人性假设是人力资源管理的一个重要理论基础之一。

人力资源管理的最终目的是实现企业或组织的整体战略和目标，这一目标的达成是以每个员工个人绩效的实现为基本前提和保证的。在外部环境条件一定的前提下，员工的个人绩效又是由工作能力与工作态度这两大因素决定的。员工的工作能力具有相对稳定性，而工作态度却是易变的，因此如何激发员工的工作热情、调动他们的工作积极性和主动性就成为人力资源管理需要解决的首要问题。从这个角度来理解，激励理论就构成了人力资源管理的另一个理论基础。因此，在具体介绍人力资源管理职能之前，我们先介绍一下人性假设理论和激励理论。

对于人性假设理论，很多学者都做过深入的研究，其中最有代表性的就是麦格雷戈等人提出的"X 理论—Y 理论—Z 理论—超 Y 理论"和美国行为科学家埃德加·H. 雪恩（E. H. Schein）提出的"四种人性假设理论"。

（一）X 理论—Y 理论—Z 理论—超 Y 理论

1. X 理论

X 理论是麦格雷戈对把人的工作动机视为获得经济报酬的"实利人"的人性假设理论的命名。主要观点如下：

① 人类本性懒惰，厌恶工作，尽可能逃避，绝大多数人没有雄心壮志，怕负责任，宁可被领导骂也要偷懒。

② 多数人都具有欺软怕硬、畏惧强者的弱点，习惯于保守，反对变革，必须用强制办法乃至惩罚、威胁，以使他们为达到组织目标而努力。

③ 激励只在生理和安全需要层次上起作用，大多数人工作都是为了物质与安全的需要，他们将选择那些在经济上获利最大的事去做。

④ 绝大多数人只有极少的创造力，只有少数人能克制自己，具有创新精神，勇于承担责任，这部分人应当担负起管理的责任。

X 理论的观点类似于我国古代的性恶说，即"人之性恶，其善者伪"。因此，企业管理的唯一激励办法，就是以经济报酬来激励生产，认为只要增加金钱奖励，便能取得更高的产量。因此，这种理论特别重视满足职工物质及安全的需要，同时也很重视惩罚，认为惩罚是最有效的管理工具。

2. Y 理论

麦格雷戈是以批评的态度对待 X 理论的,他指出,传统的管理理论脱离现代化的政治、社会与经济来看人,是极为片面的。这种软硬兼施的管理办法,其后果是导致职工的敌视与反抗。他提出了与之完全相反的 Y 理论,这一理论的主要观点如下:

① 一般人本性不是厌恶工作,如果给予适当机会,人们喜欢工作,并渴望发挥其才能。大多数人愿意工作,愿意为社会、他人作贡献,工作中体力和脑力的消耗就像游戏和休息一样自然。工作可能是一种满足,因而自愿去执行,也可能是一种处罚,因而尽可能逃避。到底怎样,要看环境而定。

② 大多数人愿意对工作负责,寻求发挥能力的机会。外来的控制和惩罚,并不是促使人们为实现组织目标而努力的唯一方法,它甚至对人是一种威胁和阻碍,并放慢人成熟的脚步。人们愿意实行自我管理和自我控制来完成应当完成的目标。

③ 激励在需要的各个层次上都起作用,人具有自我指导、自我控制的愿望,人的自我实现的要求和组织要求的行为之间是不矛盾的,如果给人适当的机会,有可能将个人的目标和组织的目标统一起来。

④ 想象力和创造力是人类广泛具有的,人具有独创性,每个人的思维都有其独特的合理性,在解决组织的困难问题时,都能发挥较高的想象力、聪明才智和创造力。

Y 理论的观点类似于我国古代的性善论,认为"人之初,性本善"。因此,人是"自动人"。激励的办法是扩大工作范围;尽可能把职工工作安排得有意义,并具挑战性;工作之后引起职工自豪,满足其自尊和自我实现的需要,使职工达到自我激励。只要启发内因,实行自我控制和自我指导,在条件适合的情况下就能实现组织目标与个人需要统一起来的最理想状态。

3. Z 理论

日本学者威廉·大内(William Ouchi)在比较了日本企业和美国企业不同的管理特点之后,参照 X 理论和 Y 理论,提出了 Z 理论,将日本的企业文化管理加以归纳。Z 理论强调管理中的文化特性,主要由信任、微妙性和亲密性组成。

根据这种理论，管理者要对员工表示信任，信任可以激励员工以真诚的态度对待企业、对待同事，为企业忠心耿耿地工作。微妙性是指企业对员工的不同个性的了解，以便根据各自的个性和特长组成最佳搭档或团队，提高劳动效率。亲密性强调个人感情的作用，提倡在员工之间应建立一种亲密和谐的伙伴关系，为了企业的目标而共同努力。

X 理论和 Y 理论基本回答了员工管理的基本原则问题，Z 理论将东方国度中的人文感情揉进了管理理论。我们可以将 Z 理论看作是对 X 理论和 Y 理论的一种补充和完善，在员工管理中根据企业的实际状况灵活掌握制度与人性、管制与自觉之间的关系，因地制宜地实施最符合企业利益和员工利益的管理方法。

4. 超 Y 理论

超 Y 理论是 1970 年由美国管理心理学家约翰·莫尔斯（John J. Morse）和杰伊·洛希（Jay W. Lorsch）根据"复杂人"的假定，提出的一种新的管理理论。它主要见于 1970 年《哈佛商业评论》杂志上发表的《超 Y 理论》一文和 1974 年出版的《组织及其他成员：权变法》一书中。该理论认为，没有什么一成不变的、普遍适用的最佳的管理方式，必须根据组织内外环境自变量和管理思想及管理技术等因变量之间的函数关系，灵活地采取相应的管理措施，管理方式要适合于工作性质、成员素质等。超 Y 理论是在对 X 理论和 Y 理论进行实验分析比较后，提出的一种既结合 X 理论和 Y 理论，又不同于 X 理论和 Y 理论，而是主张权宜应变的经营管理理论。实质上是要求将工作、组织、个人、环境等因素做最佳的配合。该理论的主要观点如下。

① 人们是抱着各种各样的愿望和需要加入企业组织的，人们的需要和愿望有不同的类型。有的人愿意在正规化、有严格规章制度的组织中工作，有的人却需要更多的资质和更多的责任，需要有更多发挥创造性的机会。

② 组织形式和管理方法要与工作性质和人们的需要相适应，不同的人需要不同的管理方式。对上述的第一种人应当以 X 理论为指导来进行管理，而对第二种人则应当以 Y 理论为指导来进行管理。

③ 组织机构和管理层次的划分，员工的培训和工作的分配，工资报酬，控制程度的安排都要从工作的性质、目标和员工素质等方面来考虑，不可能完全

一样。

④ 当一个目标达到以后，可以激起员工的胜任感和满足感，使之为达到新的更高的目标而努力。

按照超Y理论的观点，在进行人力资源管理活动时要根据不同的情况，采取不同的管理方式和方法。

（二）四种人性假设理论

1. "经济人"假设

（1）"经济人"假设的观点

这种假设相当于美国著名的行为科学家麦格雷戈的X理论，雪恩将"经济人"假设的观点总结为以下四个方面。

① 人是由经济诱因来引发工作动机的，并谋求最大的经济利益。

② 经济诱因在组织控制之下，人是被动地受组织操纵、激发和控制而工作的。

③ 人的感情是非理性的，必须善于干涉他所追求的私利。

④ 组织必须设法控制个人的情感。

（2）"经济人"假设相对应的管理措施

雪恩认为以"经济人"假设为基础的管理措施主要包含四个方面。

① 管理重点是强调以工作任务为中心，完成生产任务，提高生产效率。

② 管理的主要职能是计划、组织、经营、指导、控制、监督。

③ 领导方式是专制型的，认为管理工作是少数人的事，与广大职工无关。员工只是服从命令、听从指挥、接受管理、拼命干活，无须参与管理。

④ 在奖惩制度方面主要是"胡萝卜加大棒"的方法，即用金钱来刺激员工的生产积极性，用惩罚来对付员工的"消极怠工"行为。

2. "社会人"假设

社会人也称社交人。这种假设认为：人们在工作中得到的物质利益对于调动生产积极性只有次要意义，人们最重视的是工作中与周围人的友好关系。良好的人际关系是调动职工生产积极性的决定因素。"社会人"假设的理论基础是人际关系学说。这种学说是社会心理学家梅奥在霍桑实验中的经验总结。梅奥把重视社会需要和自我尊重的需要而轻视物质需要与经济利益的人称为"社会人"。

(1)"社会人"假设的观点

① 人类的工作要以社会需要为主要动机。

② 工业革命与工业合理化的结果，分工太细，使工作本身变得单调而无意义，因此必须从工作的社会关系中寻求其意义。

③ 人对其所在团体的社会力的反应，远比对诱因管理的反应要强烈。

④ 人们最希望管理人员能满足自己的社会需要。

(2)"社会人"假设相对应的管理措施

① 强调以人为中心的管理，管理的重点不应只关注生产任务，而应注重关心人，满足人的需要。

② 管理人员的职能不应只注意指挥、计划、组织和控制，而应重视职工间的人际关系，做到沟通信息、了解情况、上传下达，重视培养形成职工的归属感和整体感。

③ 在奖励时提倡集体奖励，不主张个人奖励制度。

④ 提出了新型的"参与管理"的形式，即让职工不同程度地参加企业决策的研究和讨论。

3."自我实现人"假设

(1)"自我实现人"假设的观点

① 人的需要有低级和高级的区别，从低级到高级可以分为多个层次，人的最终目的是满足自我实现的需求，寻求工作上的意义。

② 人们力求在工作上有所成就，实现自治和独立，发展自己的能力和技能，以便富有弹性，适应环境。

③ 人们能够自我激励和自我控制，外部的激励和控制会对人产生威胁，造成不良的后果。

④ 个人自我实现的目标和组织的目标并不是冲突的，而是能够达成一致的，在合适的条件下，个人会自动地调整自己的目标并使之与组织的目标相配合。

(2)"自我实现人"假设相对应的管理措施

① 管理重点的变化。"社会人"假设的管理重点是重视人的因素，而"自我实现人"假设把管理重点从重视人的因素转移到重视工作环境上面来了。它主张创造一个适宜的工作环境、工作条件，能充分发挥人的潜力和才能，充分发挥个人的特长和创造力。

② 管理者的职能作用的变化。管理者的主要职能既不是生产的指挥者和控制者，也不是人际关系的调节者，而是生产环境与条件的设计者与协调者。他们的主要任务是创造适宜的环境条件，以发展人的聪明才智和创造力。

③ 奖励制度的变化。该假设重视内部激励，即重视职工获得知识、施展才能，形成自尊、自重、自主、利他、创造等自我实现的需要来调动职工的积极性。管理的任务只是在于创造一个适当的环境。

④ 管理制度的变化。该人性假设主张下放管理权限，建立较为充分的决策参与制度、提案制度等满足自我实现的需要。

4. "复杂人"假设

(1)"复杂人"假设的观点

① 参加一个组织的人员是各不相同的，不同的人有不同的需要。人的需要是多种多样的，随条件而发展变化，每个人的需要不同，需要层次也因人而异。

② 人在同一时间内有各种需要和动机，它们会发生相互作用并结合为一个统一的整体，形成错综复杂的动机模式。

③ 动机模式的形成是内部需要和外界环境相互作用的结果。

④ 一个人在不同单位工作或同一单位的不同部门工作，会产生不同的需要。

⑤ 由于人的需要不同，能力各异，对同一管理方式会有不同的反应，因此没有万能不变的管理模式，应根据具体情况采取灵活多变的管理方法。

(2)"复杂人"假设相对应的管理措施

① 采用不同的组织形式提高管理效率。

② 根据企业情况不同，采用弹性、应变的领导方式。

③ 善于发现职工在需要、动机、能力、个性上的个别差异，因人、因时、因事、因地采取灵活多变的管理方式与奖惩方式。

二、激励理论

（一）激励的基本过程

激励就是激发人内在的行为动机并使之朝着既定目标前进的整个过程。可见，激励是与人的行为联系在一起的，因此应首先了解一下行为的形成过程。心理学的大量研究表明，人的行为都是由动机决定和支配的，而动机则是在需求的基础上产生的。当人产生了某种需求，而这种需求又没有得到满足时，就会在内心出现一种紧张和不安的状态，为了消除这种紧张和不安，人就会去寻找满足需求的对象，从而产生进行活动的动机，在动机的支配下，人为了满足需求而表现出相应的行为。当人的需求完全得到满足时，紧张和不安的心理状态就会消除，然后就会产生新的需求，形成新的动机，引发新的行为。

（二）内容型激励理论

内容型激励理论主要是研究激励的原因和起激励作用的因素的具体内容。最典型的内容型激励理论有马斯洛的需求层次理论、奥尔德弗的 ERG 理论、赫茨伯格的双因素理论、麦克利兰的成就激励理论。

1. 马斯洛的需求层次理论

美国心理学家亚伯拉罕·马斯洛（Abraham H. Maslow）于 1943 年首次提出需求层次理论，他将人类需求从低到高按层次分为五种，分别是生理需求、安全需求、社交需求、尊重需求和自我实现需求，依次由较低层次到较高层次排列。在自我实现需求之后，还有自我超越需求，但通常不作为马斯洛需求层次理论中必要的层次，大多数会将自我超越需求合并至自我实现需求当中。

（1）生理需求

生理需求，是级别最低、最具优势的需求，如食物、水、空气、住房、健康等。

未满足生理需求的特征：什么都不想，只想让自己活下去，思考能力、道德观明显变得脆弱。例如，当一个人极需要食物时，会不择手段地抢夺食物。人们在战乱时，是不会排队领面包的。

（2）安全需求

安全需求，同样属于低级别的需求，其中包括人身安全、生活稳定以及免遭痛苦、威胁或疾病等。

缺乏安全感的特征：感到自己受到身边事物的威胁，觉得这个世界是不公平或是危险的，认为一切事物都是危险的而变得紧张、彷徨不安，认为一切事物都是"恶"的。例如：一个孩子，在学校被同学欺负、受到老师不公平的对待，开始变得不相信这个社会，变得不敢表现自己、不敢拥有社交生活（因为他认为社交是危险的），借此来保护自身安全；一个成人，工作不顺利，薪水微薄，养不起家人，变得自暴自弃，每天利用喝酒、吸烟来寻找短暂的安逸感。

（3）社交需求

社交需求又称爱和归属感需求，属于较高层次的需求，如对友谊、爱情以及隶属关系的需求。

缺乏社交需求的特征：因为没有感受到身边人的关怀，而认为自己活在这世界上没有价值。例如，一个没有受到过父母关怀的青少年，认为自己在家庭中没有价值，因此在学校交朋友，无视道德观和理性，积极地寻找朋友或是同类；青少年为了让自己融入社交圈中，为别人做牛做马，甚至吸烟、恶作剧；等等。

（4）尊重需求

尊重需求，属于较高层次的需求，如成就、名声、地位和晋升机会等。尊重需求既包括对成就或自我价值的个人感觉，也包括他人对自己的认可与尊重。

无法满足尊重需求的特征：变得很爱面子，或是很积极地用行动来让别人认同自己，也很容易被虚荣所吸引。例如：利用暴力来证明自己的强悍；努力读书让自己成为医生、律师来证明自己在这个社会的存在和价值；富豪为了自己名利而赚钱，或是捐款。

（5）自我实现需求

自我实现需求是最高层次的需求，包括针对真、善、美至高人生境界获得的需求，因此前面四项需求都能满足，最高层次的需求方能相继产生，是一种衍生性需求，如自我实现，发挥潜能等。

缺乏自我实现需求的特征：觉得自己的生活被空虚感推动着，要自己去做一些身为一个"人"应该做的事，特别需要能充实自己的事物，尤其是让一个人深刻地体验到自己没有在这世界上白活的事物；也开始认为，价值观、道德观胜过金钱、爱人、尊重和社会的偏见。例如：一个真心为了帮助他人而捐款的人；一位武术家、运动员把自己的体能练到极致，让自己成为世界一流或是单纯只为了超越自己；一位企业家，真心认为自己所经营的事业能为社会带来价值，为了比昨天更好而工作。

五种需求像阶梯一样从低到高，按层次逐级递升，但这种次序不是完全固定的，也有例外情况。需求层次理论有两个基本出发点。一是人人都有需求，某层需求获得满足后，另一层需求才出现。二是在多种需求未获满足前，首先满足迫切需求；某一层需求满足后，后面的需求才显示出其激励作用。一般来说，某一层次的需求相对满足了，就会向高一层次发展，追求更高一层次的需求就成为驱使行为的动力。相应地，获得基本满足的需求就不再是一股激励力量。五种需求可以分为两级，其中生理需求、安全需求和社交需求都属于低级需求，这些需求通过外部条件就可以满足；而尊重需求和自我实现需求是高级需求，它们是通过内部因素才能满足的，而且一个人对尊重需求和自我实现需求是无止境的。同一时期，一个人可能有几种需求，但每一时期总有一种需求占支配地位，对行为起决定作用，任何一种需求都不会因为更高层次需求的发展而消失。各层次的需求相互依赖和重叠，高层次的需求发展后，低层次的需求仍然存在，只是对行为影响的程度大为减小。

马斯洛和其他的行为心理学家都认为，一个国家多数人的需求层次结构，是同这个国家的经济发展水平、科技发展水平、文化水平和人们受教育的程度直接相关的。在发展中国家，生理需求和安全需求占主导的人数比例较大，而高级需求占主导的人数比例较小；而在发达国家则刚好相反。

2. 奥尔德弗的"ERG"理论

美国耶鲁大学的克雷顿·奥尔德弗（Clayton Alderfer）在马斯洛提出的需求层次理论的基础上，进行了更接近实际经验的研究，提出了一种新的人本主义需求理论。奥尔德弗认为，人们共存在三种核心的需求，即生存（Existence）的需求、相互关系（Relatedness）的需求和成长发展（Growth）的需求。根据三种需求的英文首字母，这一理论被称为"ERG"理论。

（1）生存的需求

这是人类最基本的需求，生存的需求与人们基本的物质生存需求有关，即生理和安全需求（如衣、食、性等），关系到人的存在或生存，这实际上相当于马斯洛理论中的前两个需求。

（2）相互关系的需求

这是指人们对于保持重要的人际关系的需求。这种社会和地位的需求的满足是在与其他需求相互作用中达成的，这与马斯洛的社会需求和自尊需求分类中的外在部分是相对应的。

（3）成长发展的需求

这是指人们希望在事业上有所成就、在能力上有所提高，不断发展、完善自己的需求。它表达个人谋求发展的内在愿望，即个人自我发展和自我完善的需求，这种需求通过创造性地发展个人的潜力和才能、完成具有挑战性的工作来得到满足，这相当于马斯洛需求层次理论中第四、第五层次的需求。

与马斯洛的需求层次理论不同的是，奥尔德弗的"ERG"理论还表明了人在同一时间可能有不止一种需求起作用，如果较高层次需求的满足受到抑制的话，那么人们对较低层次的需求的渴望会变得更加强烈。

马斯洛的需求层次是一种刚性的阶梯式上升结构，即认为较低层次的需求必须在较高层次的需求满足之前得到充分的满足，二者具有不可逆性。与其相反的是，"ERG"理论并不认为各类需求层次是刚性结构。例如，即使一个人的生存的需求和相互关系的需求尚未得到完全满足，他仍然可以为成长发展的需求工作，而且这三种需求可以同时起作用。

此外，"ERG"理论还提出了一种叫作"受挫—回归"的思想。马斯洛认为当一个人的某一层次需求尚未得到满足时，他可能会停留在这一需求层次上，直到获得满足为止。相反地，"ERG"理论则认为，当一个人在某一更高等级的需求层次受挫时，那么作为替代，他的某一较低层次的需求可能会有所增加。例如，一个人社会交往的需求得不到满足时，可能会增强他对得到更多金钱或更好的工作条件的愿望。与马斯洛需求层次理论相类似的是，"ERG"理论认为较低层次的需求满足之后，会引发出对更高层次需求的愿望。不同于需求层次理论的是，"ERG"理论认为多种需求可以同时作为激励因素起作用，并且当满足较高层次需求的企图受挫时，会导致人们向较低层次需求的回归。因此，管理措施应该随着人的需求结构的变化而做出相应的改变，并根据每个人不同的需求制定出相应的管理策略。

3. 赫茨伯格的双因素理论

双因素激励理论又称为激励因素—保健因素理论，是美国的行为科学家弗雷德里克·赫茨伯格（Frederick Herzberg）提出来的。双因素激励理论是他最主要的成就，在工作丰富化方面，他也进行了开创性的研究。20世纪50年代末期，赫茨伯格和他的助手们在美国匹兹堡地区对200名工程师、会计师进行了调查访问。调查结果表明，使员工感到满意的因素往往与工作本身或工作内容有关，赫茨伯格将其称为"激励因素"，包括成就、认可、工作本身、责任、进步、成长六个方面；而使员工感到不满意的因素则大多与工作环境和工作条件有关，赫茨伯格将其称为"保健因素"，主要体现在公司的政策和管理、监督、与上级的关系、工作条件、薪酬、与同事的关系、个人生活、与下属的关系、地位及安全感十个方面。

访问主要围绕两个问题：在工作中，哪些事项是让他们感到满意的，并估计这种积极情绪会持续多长时间；又有哪些事项是让他们感到不满意的，并估计这种消极情绪会持续多长时间。赫茨伯格针对传统的工作满意/不满意的观点提出了自己的看法。传统的观点认为，"满意"的对立面是"不满意"，因此消除了"不满意"就会产生"满意"；赫茨伯格则认为，"满意"的对立面是"不满意"，"不满意"的对立面是"没有不满意"，消除"不满意"只会产生"没有不满意"，并不能产生"满意"。

赫茨伯格的双因素激励理论同马斯洛的需求层次理论有相似之处。他提出的保健因素相当于马斯洛提出的生理需求、安全需求、社交需求这些较低级的需求；激励因素则相当于受人尊重的需求、自我实现的需求这些较高级的需求。当然，他们的具体分析和解释是不同的。但是，这两种理论都没有把"个人需求的满足"同"组织目标的达到"这两点联系起来。有些西方行为科学家对赫茨伯格的双因素激励理论的正确性表示怀疑。有人做了许多试验，也未能证实这个理论。赫茨伯格及其同事所做的试验，被有的行为科学家批评为是他们所采用方法本身的产物。人们总是把好的结果归结于自己的努力而把不好的结果归罪于客观条件或他人身上，而双因素激励理论的问卷没有考虑这种普遍的心理状态。另外，被调查对象的代表性也不够，事实上，不同职业和不同阶层的人，对激励因素和保健因素的反应是各不相同的。实践还证明，高度的工作满足不一定就产生高度的激励。许多行为科学家认为，不论是有关工作环境的因素或工作内容的因素，都可能产生激励作用，而不仅是使职工感到满足，这取决于环境和职工心理方面的许多条件。

赫茨伯格的双因素理论对于人力资源管理的指导意义在于调动员工积极性，可以采用以下两种基本做法。

（1）直接满足

直接满足，又称为工作任务以内的满足。它是一个人通过工作所获得的满足，这种满足是通过工作本身和工作过程中人与人的关系得到的。它能使员工学习到新的知识和技能，产生兴趣和热情，使员工有光荣感、责任心和成就感，从而可以使员工受到内在激励，产生极大的工作积极性。对于这种激励方法，管理者应该予以充分重视。这种激励的措施虽然有时所需的时间较长，但是员工的积极性一经激励起来，不仅可以提高生产效率，而且能够持久产生效力。因此，管理者应该充分注意运用这种方法。

（2）间接满足

间接满足，又称为工作任务以外的满足。这种满足不是从工作本身获得的，而是在工作以后获得的。例如，晋升、授衔、嘉奖或物质报酬和福利等，都是在工作之后获得的。其中福利方面，如工资、奖金、食堂、托儿所、员工学校、俱乐部等，都属于间接满足。间接满足虽然也与员工所承担的工作有一定的联系，但它毕竟不是直接的，因而在调动员工积极性上往往有一定的局限性，常常会使员工感到与工作本身关系不大而满不在乎。研究者认为，这种满足虽然也能够显著地提高工作效率，但不容易持久，有时处理不好还会产生副作用。

双因素激励理论虽然产生于资本主义的企业管理，但却具有一定的科学性。在实际工作中，借鉴这种理论来调动员工的积极性，不仅要充分注意保健因素，使员工不至于产生不满情绪，更要注意利用激励因素去激发员工的工作热情，使其努力工作。如果只顾及保健因素，仅仅满足员工暂时没有什么意见，是很难创造出一流工作业绩的。

双因素激励理论还可以用来指导奖金发放。当前，中国企业正使用奖金作为一种激励因素，但是必须指出，在使用这种激励因素时，必须与企业的效益或部门及个人的工作业绩联系起来。如果奖金不与部门及个人的工作业绩相联系，一味地"平均分配"，久而久之，奖金就会变成保健因素。

双因素激励理论的科学价值，不仅对搞好奖励工作具有一定的指导意义，而且对如何做好人的思想政治工作提供了有益的启示。既然在资本主义的管理理论和实践中，人们都没有单纯地追求物质刺激，那么在社会主义条件下，就更不应该把调动员工积极性的希望只寄托于物质鼓励方面。既然工作上的满足与精神上的鼓励会更有效地激发人的工作热情，那么在管理中，就应特别注意处理好物质鼓励与精神鼓励的关系，充分发挥精神鼓励的作用。

4. 麦克利兰的成就激励理论

成就激励理论由美国哈佛大学教授戴维·麦克利兰（David C·McClelland）提出。他从二十世纪四五十年代开始对人的需求和动机进行研究，提出了著名的"三种需求理论"，并得出了一系列重要的研究结论。麦克利兰教授认为，人除了生存需求之外，还有三种重要的需求，即成就需求、权力需求和归属需求，并提出了成就激励理论，这是一种从想要得到的不同结果对需求进行分类的方法。该理论对我们在实践中对那些有强烈成就需求的人应该采取什么样的激励措施和方法具有特殊的指导作用。

（1）成就需求：争取成功、希望做得最好的需求

麦克利兰认为，具有强烈的成就需求的人渴望将事情做得更为完美，提高工作效率，获得更大的成功，他们追求的是在争取成功的过程中克服困难、解决难题、努力奋斗的乐趣，以及成功之后的个人的成就感，他们并不看重成功所带来的物质奖励。个体的成就需求与他们所处的经济、文化、社会、政府的发展程度

有关，社会风气也制约着人们的成就需求。

麦克利兰发现，高成就需求者有以下三个主要特点。

① 高成就需求者喜欢设立具有适度挑战性的目标，不喜欢凭运气获得的成功，不喜欢接受那些在他们看来特别容易或特别困难的工作任务。他们不满足于漫无目的地随波逐流和随遇而安，而总是想有所作为。他们总是精心选择自己的目标，因此，他们很少自动地接受别人包括上司为其选定的目标。除了请教能提供所需技术的专家外，他们不喜欢寻求别人的帮助或忠告。他们要是赢了，会要求应得的荣誉；要是输了，也勇于承担责任。例如，有两起事件让你选掷骰子（获胜机会是三分之一）和研究一个问题（解决问题的机会也是三分之一），你会选择哪一样？高成就需求者会选择研究问题，尽管获胜的概率相同，而掷骰子则容易得多。高成就需求者喜欢研究、解决问题，而不愿意依靠机会或他人取得成果。

② 高成就需求者在选择目标时会回避过分的难度。他们喜欢中等难度的目标，既不是唾手可得没有一点成就感，也不是难得只能凭运气。他们会揣度可能办到的程度，然后再选定一个力所能及的目标——也就是会选择能够取胜的最艰巨的挑战。对他们而言，当成败可能性均等时，才是一种能从自身的奋斗中体验成功的喜悦与满足的最佳机会。

③ 高成就需求者喜欢多少能立即给予反馈的任务。目标对于他们非常重要，因此他们希望得到有关工作绩效的及时明确的反馈信息，从而了解自己是否有所进步。这就是高成就需求者往往选择专业性职业，或从事销售，或者参与经营活动的原因之一。

麦克利兰指出，金钱刺激对高成就需求者的影响很复杂。一方面，高成就需求者往往对自己的贡献评价过高，自抬身价。他们有自信心，因为他们了解自己的长处，也了解自己的短处，所以在选择特定工作时有信心。如果他们在组织中工作出色而薪酬很低，他们是不会在这个组织待很长时间的。另一方面，金钱刺激究竟能够对提高他们绩效起多大作用很难说清，他们一般总以自己的最高效率工作。因此，金钱固然是成就和能力的鲜明标志，但是他们觉得这配不上他们的贡献，可能引起不满。

具有高成就需求的人，对工作的胜任感和成功有强烈的要求，同样也担心失败；他们乐意，甚至热衷于接受挑战，往往为自己树立有一定难度而又不是高不可攀的目标；他们敢于冒风险，又能以现实的态度对待冒险，绝不会以迷信和侥幸心理对待未来，而是要通过认真的分析；他们愿意承担所做的工作的个人责任，并希望得到所从事工作的明确而又迅速的反馈。这类人一般不常休息，喜欢长时间、全身心地工作，并从工作的完成中得到很大的满足，即使真正出现失败也不会过分沮丧。一般来说，他们喜欢表现自己。麦克利兰认为，一个公司如果有很多具有成就需求的人，公司就会发展很快；一个国家如果有很多这样的公司，整个国家的经济发展速度就会高于世界平均水平。但是，在不同国家、不同文化背景下，成就需求的特征和表现也不尽相同，对此，麦克利兰未做充分表述。

（2）权力需求：影响或控制他人且不受他人控制的需求

权力需求是指影响和控制别人的一种愿望或驱动力。不同人对权力的渴望程度不同。权力需求较高的人对影响和控制别人表现出很大的兴趣，喜欢对别人"发号施令"，注重争取地位和影响力。他们常常表现出喜欢争辩、健谈、直率和头脑冷静；善于提出问题和要求；喜欢教训别人并乐于演讲。他们喜欢具有竞争性和能体现较高地位的场合或情境，他们也会追求出色的成绩，但他们这样做并不像高成就需求的人那样是为了个人的成就感，而是为了获得地位和权力或与自己已具有的权力和地位相称。权力需求是管理成功的基本要素之一。

麦克利兰还将组织中管理者的权力分为两种。一是个人权力。追求个人权力的人表现出来的特征是围绕个人需求行使权力，在工作中需要及时地反馈和倾向于自己亲自操作。麦克利兰提出，一个管理者若把他的权力形式建立在个人需求的基础上，不利于他人来续位。二是职位性权力。职位性权力要求管理者与组织共同发展，自觉地接受约束，从体验行使权力的过程中得到满足。

（3）归属需求：建立友好亲密的人际关系的需求

麦克利兰的成就激励理论对于管理者来说具有非常重要的指导意义。首先，在人员的选拔和安置上，测试一个人需求体系的特征对于如何分派工作和安排职位有重要的意义；其次，由于具有不同需求的人需要不同的激励方式，了解员工的需求与动机有利于合理建立激励机制；最后，麦克利兰认为动机是可以训练和激发的，因此可以训练和提高员工的成就动机，以提高生产效率。

（三）过程型激励理论

过程型激励理论关注激励是如何发生的。该理论并不试图去弄清楚有哪些激励因素，而是关注为什么人们选择特定的行为来满足其需求，为了激励员工，管理者在激励过程中应该如何做。代表性的过程型激励理论有期望理论和公平理论。

1. 弗鲁姆的期望理论

期望理论又被称作"效价—手段—期望"理论，是管理心理学与行为科学的一种理论，是由北美著名心理学家和行为科学家维克托·弗鲁姆（Victor H. Vroom）于1964年在《工作与激励》中提出来的。这个理论可以用公式表示：

$$激励力 = 期望值 \times 效价$$

$$M = E \times V$$

在这个公式中，激励力指调动个人积极性，激发人内部潜力的强度；期望值是根据个人的经验判断达到目标的把握程度；效价则是所能达到的目标对满足个人需要的价值。这个理论的公式说明，人的积极性被调动的大小取决于期望值与效价的乘积。也就是说，一个人对目标的把握越大，估计达到目标的概率越高，激发起的动力越强烈，积极性也就越大。在领导与管理工作中，运用期望理论对调动下属的积极性是有一定意义的。

期望理论是以四个因素反映需要与目标之间的关系的，要激励员工，就必须让员工明确：

① 只要努力工作就能提高他们的绩效。（个人努力）

② 他们欲求的东西是和绩效联系在一起的。（个人绩效）

③ 有了绩效，组织就会实施奖励。（组织奖励）

④ 组织奖励有助于实现他们个人所渴望的成就。（个人目标）

个体员工是否会有动力取决于三个关系：第一个是个人努力和个人绩效之间的关系；第二个是个人绩效和组织奖励之间的关系；第三个是组织奖励和个人目

标之间的关系。

2. 亚当斯的公平理论

公平理论又被称社会比较理论，由美国心理学家约翰·斯塔希·亚当斯（John Stacey Adams）于1965年提出。

该理论是研究人的动机和知觉关系的一种激励理论，认为员工的激励程度来源于对自己和参照对象的报酬和投入的比例的主观比较。亚当斯认为，职工的积极性取决于他所感受到的分配上的公正程度（公平感），而职工的公平感取决于一种社会比较或历史比较。社会比较，是指职工对他所获得的报酬（包括物质上的金钱、福利和精神上的受重视程度、表彰奖励等）和自己工作的投入（包括自己受教育的程度、经验、用于工作的时间、精力和其他消耗等）的比值与他人的报酬和投入的比值进行比较。历史比较，是指职工对他所获得的报酬与自己工作的投入的比值同自己在历史上某一时期内的这个比值进行比较。公平理论可以用公平关系式来表示。设当事人 a 和被比较对象 b，则当 a 感觉到公平时，下式成立：

$$OP/IP = OC/IC$$

其中 OP——自己对所获报酬的感觉；

OC——自己对他人所获报酬的感觉；

IP——自己对个人所作投入的感觉；

IC——自己对他人所作投入的感觉。

当上式为不等式时，有可能出现以下两种情况：

① $OP/IP<OC/IC$。在这种情况下，他可能要求增加自己的收入或减小自己今后的努力程度，以便使左方增大，趋于相等；他也可能要求组织减少比较对象的收入或者让其今后增大努力程度以便使右方减小，趋于相等。此外，他还可能另外找人作为比较对象，以便达到心理上的平衡。

② $OP/IP>OC/IC$。在这种情况下，他可能要求减少自己的报酬或在开始时自动多做些工作，但久而久之，他会重新估计自己的技术和工作情况，终于觉得他确实应当得到那么高的待遇，于是产量便又会回到过去的水平了。

除了横向比较，人们也经常做纵向比较，只有相等时他才认为公平，如下式

数据赋能：打造高效能的人力资源管理体系

所示：

$$OP/IP = OH/IH$$

其中 OP——对自己报酬的感觉；

IP——对自己投入的感觉；

OH——对自己过去报酬的感觉；

IH——对自己过去投入的感觉。

当上式为不等式时，有可能出现以下两种情况：

① OP/IP<OH/IH。当出现这种情况时，人也会有不公平的感觉，这可能导致工作积极性下降。

② OP/IP>OH/IH。当出现这种情况时，人不会因此产生不公平的感觉，但也不会觉得自己多拿了报酬，从而主动多做些工作。调查和试验的结果表明，不公平感的产生，绝大多数是经过比较，认为自己报酬过低而产生的，但在少数情况下，也会经过比较认为自己的报酬过高而产生。

减少不公平感的方法：

① 改变投入。人们可以选择对组织增加或减少投入的方式来达到平衡，如在 OP/IP>OH/IH 时增加投入，在 OP/IP<OH/IH 时减少投入。

② 改变报酬。由于人们一般不会主动要求降低报酬，此报酬的改变主要是正向的，即通过增加报酬来达到平衡，如在 OP/IP<OH/IH 时要求组织给予自己更多的报酬。

③ 改变对自己投入和报酬的知觉。例如，在感受到不公平之后，可以改变自我评估，认为自己的贡献并不是那么高，而回报也并不是那么少。

④ 改变对他人投入或报酬的看法。如果认为奖励不足，可能认为比较对象的工作时间比自己原来认为的更长——周末加班或把工作带回家。

⑤ 改变参照对象。人们还可以通过改变比较的对象来减轻原有比较所产生的不公平。例如，人们也许认为当前的比较对象和老板关系较好或拥有特殊技能。

⑥ 选择离开。换一个环境，也许是减少不公平的最后方法。

公平理论为组织管理者公平对待每一个职工提供了一种分析处理问题的方法，对于组织管理有较大的启示意义。

（1）管理者要引导职工形成正确的公平感

职工的社会比较或历史比较客观存在，并且这种比较往往是凭个人的主观感觉，因此，管理者要多做正确的引导，使职工形成正确的公平感。在人们的心理活动中，往往会产生过高估计自己的贡献和作用，压低他人的绩效和付出，总认为自己报酬偏低，从而产生不公平心理。随着信息技术的发展，人们的社会交往越来越广，比较范围越来越大，以及收入差距增大的社会现实，都增加了职工产生不公平感的可能性。组织管理者要引导职工正确进行比较，多看到他人的长处，认识自己的短处，客观公正地选择比较基准，多在自己所在的地区、行业内比较，尽可能看到自己报酬的发展和提高，避免盲目攀比而造成不公平感。

（2）职工的公平感将影响整个组织的积极性

事实表明，职工的公平感不仅对职工个体行为有直接影响，而且还将通过个体行为影响整个组织的积极性。在组织管理中，管理者要着力营造一种公平的氛围，如：正确引导职工言论，减少因不正常的舆论传播而产生的消极情绪；经常深入群众中，了解职工工作、生活中的实际困难，及时帮助解决；关心照顾弱势群体，必要时可根据实际情况给予补助；等等。

（3）领导者的管理行为必须遵循公正原则

领导行为是否公正将直接影响职工对比较对象的正确选择，如领导处事不公，职工必将选择受领导"照顾者"做比较基准，以致增大比较结果的反差而产生不公平心理。因此，组织管理者要平等地对待每一位职工，公正地处理每一件事情，依法行政，避免因情感因素导致管理行为不公正。同时，也应注意，公平是相对的，是相对于比较对象的一种平衡，而不是平均。在分配问题上，必须坚持"效率优先，兼顾公平"的原则，允许一部分人通过诚实劳动和合法经营先富起来，带动后富者不断改变现状，逐步实现共同富裕，否则就会产生"大锅饭"现象，使组织运行机制失去活力。

（4）报酬的分配要有利于建立科学的激励机制

职工报酬的分配要体现"多劳多得，质优多得，责重多得"的原则，坚持精神激励与物质激励相结合的办法。在物质报酬的分配上，应正确运用竞争机制的激励作用，通过合理拉开分配差距体现公平；在精神上，要采用关心、鼓励、表扬等方式，使职工体会到自己受到了重视，品尝到成功的欣慰与自我实现的快乐，自觉地将个人目标与组织目标整合一致，形成无私奉献的职业责任感。

（四）行为改造型激励理论

这一理论主要研究如何来改造和转化人们的行为，变消极为积极，以期达到预定的目标。代表性的行为改造型激励理论有目标设置理论和强化理论。

1. 洛克和休斯的目标设置理论

目标设置理论认为，目标是人们行为的最终目的，是人们预先规定的、合乎自己需要的"诱因"，是激励人们有形的、可以测量的成功标准。美国马里兰大学管理学兼心理学教授洛克（Locke）和休斯（Hughes）在研究中发现，外来的刺激（如奖励、工作反馈、监督的压力）都是通过目标来影响动机的。目标能引导活动指向与目标有关的行为，使人们根据难度的大小来调整努力的程度，并影响行为的持久性。在一系列科学研究的基础上，洛克于1967年最先提出"目标设置理论"，认为目标本身就具有激励作用，目标能把人的需要转变为动机，使人们的行为朝着一定的方向努力，并将自己的行为结果与既定的目标相对照，及时进行调整和修正，从而能实现目标。这种使需要转化为动机，再由动机支配行动以达成目标的过程就是目标激励。目标激励的效果受目标本身的性质和周围变量的影响。

激励的效果主要取决于目标的明确度和目标的难度两个因素。洛克的研究表明，就激励的效果来说，有目标的任务比没有目标的任务要好；有具体目标的任务比只有笼统目标的任务要好；有一定难度但经过努力能够实现目标的任务比没有难度或难度过大的任务要好。当然，目标设置理论发挥作用还必须有一个前提，那就是员工必须承认并接受这一目标。

2. 斯金纳的强化理论

强化理论也叫行为修正理论，是美国心理学伯尔赫斯·弗雷德里克·斯金纳（Burrhus Frederic Skinner）提出的以学习的强化原则为基础的关于理解和修正人的行为的一种学说。

强化是行为主义文献中最早出现的概念之一。强化原理后来演化为教育心理学中著名的学习原理——及时强化与反馈。强化这一概念的提出始于桑代克，到新行为主义代表人物斯金纳时达到了一定理论的高度。斯金纳认为，人或动物为了达到某种目的，会采取一定的行为作用于环境。当这种行为的后果对他有利时，这种行为就会在以后重复出现；不利时，这种行为就会减弱或消失。强化，从其最基本的形式来讲，指的是对一种行为的肯定或否定的后果（报酬或惩罚），它至少在一定程度上会决定这种行为在今后是否会重复发生。根据强化的性质和目的，可以把强化分为正强化和负强化。在管理上，正强化就是奖励那些组织上需要的行为，从而加强这种行为；负强化就是惩罚那些与组织不相容的行为，从而削弱这种行为。正强化的方法包括奖金、认可、表扬、提升机会等；负强化的方法包括批评、处分、降级等，有时，不给予奖励或少给奖励也是一种负强化。人们可以用这种正强化或负强化的办法来影响行为的后果，从而修正其行为。

（1）斯金纳强化理论的强化类型

① 按照强化物的性质分为积极强化和消极强化。

积极强化：由于某刺激物在个体做出某种反应后出现，从而减少了该行为发生的概率，该刺激物称为积极强化物。例如，当做出某一行为后，给予食物、钱或表扬，这种行为就受到积极强化，食物、钱或表扬就是积极强化物。

消极强化：由于某刺激物在个体做出某种反应后而予以排除，从而增强了该行为发生的概率，该刺激物称为消极强化物。

无论是消极强化还是积极强化，其结果都是一样，都可以增强该行为再次出现的可能性，使该行为得到增强。两种刺激物在性质上的区别表现在刺激物的出现是增强了还是降低了行为发生的概率。如果该刺激物的出现增强了行为发生的概率，就称为积极强化物，反之为消极强化物。例如，学生在课堂捣蛋被老师批评被认为是消极结果，但如果学生因为平时不受教师注意，而想通过上课捣蛋来引起教师的注意，那他会为了更多被老师注意而不断捣蛋，这时批评就成了积极强化物。

② 按人类行为受强化影响的程度分为一级强化和二级强化。

一级强化是指满足人和动物生存、繁殖等基本生理需求的强化。一级强化物是指食物、水、安全、温暖等。

二级强化是指任何一个中性刺激如果与一级强化物反复联合，它就能获得自身的强化性质。二级强化物是指金钱、学历、关注、赞同等。这些二级强化物当初并不具备强化的作用，而是由于它们同食物等一级强化物相匹配才具有了强化的作用。例如：金钱是和许多生活必需品的提供联系在一起的；学历也和一级强化物的获得联系在一起，通过考试得到文凭，有利于找工作，可以自己买食物和所需的其他东西。

③ 按行为和强化的间隔时间分为连续式强化（即时强化）和间隔式强化（延缓强化）。

连续式强化是指对每一次或每一阶段的正确反应予以强化，就是说当个体做出一次或一段时间的正确反应后，强化物即时到来或撤去。例如，每当孩子做家务后，家长马上予以表扬，长此以往，孩子就会养成爱做家务的好习惯。但当按照连续式强化建立某种行为并将此行为保持之后，若不再给予强化，这种行为就会逐渐消退。例如，家长对孩子做完家务不再予以表扬，孩子做家务的习惯就会逐渐消退。

间隔式强化是指行为发生与强化物的出现或撤去之间有一定的时间间隔或按比率出现或撤去。间隔式强化分为时间式和比率式，时间式又分为定时距强化和变时距强化，比率式又分为定比率强化和变比率强化。定时距强化是指每次过一定时间间隔之后给予强化。变时距强化是指每次强化的时间间隔不等。定比率强化是指强化与反应次数之间呈固定比例。在这种情况下，强化不是在一定时间间隔，而是在预定的多少次反应之后出现。这种强化比定时距式强化更有效。变比率强化是指强化与反应次数之间的比例是变化的。这种强化有利于学习者向更高的目标前进，但因为这种变化无规律，易引起学习者不知所从，从而影响学习效果。

（2）斯金纳强化理论的应用

开始时，斯金纳只将强化理论用于训练动物，如训练军犬和马戏团的动物等。之后，斯金纳又将强化理论进一步发展，应用于人的学习上，发明了程序教学法和教学机。他强调在学习中应遵循小步子和及时反馈的原则，将大问题分成许多小问题，循序渐进，才能取得很好的效果。在企业管理中应用强化理论应注意以下原则。

① 经过强化的行为趋向于重复发生。强化因素就是会使某种行为在将来重复发生的可能性增加的任何一种"后果"。例如，当某种行为的后果受人称赞时，就增加了这种行为重复发生的可能性。

② 要依照强化对象的不同采用不同的强化措施。人们的年龄、性别、职业、学历、经历不同，需要就不同，强化方式也应不一样。如有的人重视物质奖励，有的人重视精神奖励，就应区分情况，采用不同的强化措施。

③ 小步子前进，分阶段设立目标，并对目标予以明确规定和表述。对人的激励，首先要设立一个明确的、鼓舞人心而又切实可行的目标，只有目标明确而具体时，才能进行衡量和采取适当的强化措施。同时，还要将目标进行分解，分成许多小目标，完成每个小目标都及时给予强化，这样不仅有利于目标的实现，而且通过不断地激励可以增强信心。如果目标一次定得太高，会使人感到不易达到或者说能够达到的希望很小，这就很难充分调动人们为达到目标而做出努力的积极性。

④ 及时反馈。及时反馈就是通过某种形式和途径，及时将工作结果告诉行动者。要取得最好的激励效果，就应该在行为发生后尽快采取适当的强化方法。一个人在实施了某种行为以后，即使是领导者表示"已注意到这种行为"这种简单的反馈，也能起到正强化的作用，如果领导者对这种行为不予注意，这种行为重复发生的可能性就会减小甚至消失。

⑤ 正强化比负强化更有效。在强化手段的运用上，应以正强化为主，必要时也要对坏的行为予以惩罚，做到奖惩结合。

强化理论只讨论外部因素或环境刺激对行为的影响，忽略人的内在因素和主观能动性对环境的反作用，具有机械论的色彩。但是，强化理论有助于对人们行为的理解和引导。这并不是对员工进行操纵，而是使员工有一个最好的机会在各种明确规定的方案中进行选择。因而，强化理论已被广泛应用。

对强化理论的应用，要考虑强化的模式，并采用一整套的强化体制。强化模式主要由前因、行为和后果三个部分组成。前因是指在行为产生之前确定一个具有刺激作用的客观目标，并指明哪些行为将得到强化。行为是指为了达到目标的工作行为。后果是指当行为达到了目标时,则给予肯定和鼓励;当行为未达到目标时,则不给予肯定和鼓励,甚至给予否定或惩罚,以控制员工的行为。

强化理论对人力资源管理的借鉴意义在于管理人员应该做到:

① 以正强化方式为主。正强化可以增强员工的自信心,激发员工的潜力。

② 采取负强化手段要慎重。负强化应用得当会促进业绩提升,应用不当则会带来一些消极影响,可能使人由于不愉快的感受而出现悲观、恐惧等心理反应,甚至发生对抗性消极行为。在运用负强化时,应尊重事实,讲究方法,将负强化与正强化结合能取得更好的效果。

③ 注意强化的时效性。一般而言,强化应及时,及时强化可提高员工行为的强化反应程度,但须注意及时强化并不意味着随时都要进行强化。不定期的非预料的间断性强化,往往可取得更好的效果。在管理中要对员工进行奖励,适时性原则是奖励的一个重要原则。适时奖励才能取得预期的效果。

④ 因人制宜,采取不同的强化方式。由于人的个性特征及其需要层次不同,不同的强化机制和强化物会产生不同的效果。在运用强化手段时,应采取有效的强化方式。

⑤ 利用信息反馈增强强化的效果。信息反馈是强化人的行为的一种重要手段,尤其是在应用经营目标进行强化时,定期反馈可使员工了解自己的绩效,有利于激励员工,同时有利于发现问题,分析原因,修正行为。

(五) 激励理论的整合

上述各种类型的激励理论都是从不同角度出发来研究激励问题的,因此都不可避免地存在这样或那样的问题。在实际工作中,我们不能完全孤立地运用某一种理论,而要根据实际遇到的问题,综合运用多种理论来激励员工。

① 在人力资源管理的过程中,管理者与人力资源管理者需要给员工创造机会,这一点在中国更为明显。在国内的各类单位都不乏优秀人才,但是其中很大一部分却"英雄无用武之地",要用激励理论激励这些员工,首先需要我们去给他们提供机会、创造条件,让他们能够充分发挥自己的才能。

② 对高成就需求的人而言，只要从事的是自己感兴趣的事情，别说给他们创造条件，只要不给他们制造障碍，他们自己就会竭尽全力去做。他们是我们需要珍惜的人才。我们一定要想方设法帮助他们做到人岗匹配，让他们从事自己感兴趣的工作。

③ 任何时候都不要忘记，工作本身很重要。人的天性之一就是玩，如果工作能够变得像玩一样，很多人自然就有了工作积极性。在人力资源管理中，我们一定要注重职位设计，灵活运用工作专门化、工作轮换、工作扩大化与工作丰富化等多种手段与技术。

④ 为了让员工愿意为了个人目标，去帮助组织实现目标，我们一定要建立科学的绩效管理体系，帮助员工设计合理的目标，让目标能够引导员工的行为；高度重视绩效跟进，确保员工能够达到个人绩效目标；建立客观的绩效评价标准与系统，以对员工的绩效进行公平的评价；绩效评价后，一定要根据员工的绩效表现，给予公平的组织奖励，不断强化员工的行为；在对员工进行奖励时，一定要考虑员工的主导需求，让组织奖励能够符合员工的个人目标。

⑤ 能力是员工绩效的重要决定因素之一。在人员招募甄选的过程中，我们就要考察员工的能力与潜力是否符合职位的要求。加大对员工的培训与开发力度，以不断提高员工的能力。关注员工的职业生涯规划与管理，让他们能够有机会用己所长，充分发挥自己的优势。

上文简要介绍了几种最具代表性的激励理论，这些理论对激励问题做了比较深入和准确的研究，这对人力资源管理的实践活动具有非常重要的指导意义。但需要注意的是，这些理论都是在一定的条件和环境下得出的，因此都有相应的适用范围，并不是绝对的真理，在实践中，我们必须根据具体的情况灵活加以运用，绝对不能生搬硬套。此外，这些理论对激励的解释基本是从不同的角度入手进行的，不可避免地具有一定的片面性，因此在实践中，我们应当对这些理论加以综合运用。

第三节　人力资源管理

一、管理及相关概念

作为管理的一个构成部分，人力资源管理属于管理这个大范畴，需要遵循管理的一般原则和规律，在学习人力资源管理之前，有必要先了解和认识管理的一些基本内容。

（一）管理的含义

在人类所从事的各项活动中，管理是最重要的活动之一。科学管理理论出现以来，管理的含义有了不同的解释。在管理学中，管理被定义为：管理者在特定的环境和条件下，对组织所拥有的资源进行计划、组织、领导和控制等工作，以便有效地达到既定目标的过程。

（二）管理的职能

目前，国内通常将管理职能划分为计划、组织、领导、控制。

① 计划：对组织的目标和达成目标的方式、途径做出决策和选择。

② 组织：管理者根据计划对组织拥有的各种资源进行合理的安排，以实现最佳的组合。

③ 领导：对下属人员进行指导，激励他们的工作热情，协调他们之间的关系。

④ 控制：对工作活动进行监控，发现并纠正偏差，以保证目标的实现。

二、人力资源管理的含义、功能、目标及职能

（一）人力资源管理的含义

第一类，主要是从人力资源管理的目的来解释它的含义，认为它是借助对人

力资源的管理来实现组织的目标。

第二类，主要是从人力资源管理的过程或承担的职能来进行解释，把人力资源看成一个活动过程。

第三类，主要解释了人力资源管理的实体，认为它就是与人有关的制度、政策等。

第四类，主要从人力资源管理的主体解释其含义，认为它是人力资源部门或人力资源管理者的工作。

第五类，从目的、过程等方面综合进行解释。

学术界一般把人力资源管理分为六大模块：人力资源规划；招聘与配置；培训与开发；绩效管理；薪酬福利管理；劳动关系管理。用它们来诠释人力资源管理核心思想，帮助企业掌握员工管理及人力资源管理的本质。

综合上述从不同角度来解释人力资源管理的含义，人力资源管理是指组织为了实现既定的目标，运用现代管理措施与手段，对人力资源的取得、开发、保持和运用等方面进行管理的一系列活动的总和。

（二）人力资源管理的功能

在国内的学者和著作中，提及人力资源管理功能的并不是很多，余凯成认为，人力资源管理功能主要有五个：获取、整合、奖酬、调控和开发。

1. 获取

它主要包括人力资源规划、招聘与录用。为了实现组织的战略目标，人力资源管理部门要根据组织结构确定职务说明书与员工素质要求，制订与组织目标相适应的人力资源需求与供给计划，并根据人力资源的供需计划开展招募、考核、选拔、录用与配置等工作。显然，只有首先获取了所需的人力资源，才能对之进行管理。

2. 整合

这是使员工之间和睦相处、协调共事、取得群体认同的过程，是员工与组织之间个人认知与组织理念、个人行为与组织规范的同化过程，是人际协调职能与组织同化职能。现代人力资源管理强调个人在组织中的发展，个人的发展势必会引发个人与个人、个人与组织之间的冲突，产生一系列问题。其主要内容有：① 组织同化，即个人价值观趋同于组织理念、个人行为服从于组织规范，使员工与组织认同并产生归属感；② 群体中人际关系的和谐，组织中人与组织的沟通；③ 矛盾冲突的调解与化解。

3. 奖酬

它是指为员工对组织所做出的贡献而给予奖酬的过程，是人力资源管理的激励与凝聚职能，也是人力资源管理的核心。其主要内容是根据对员工工作绩效进行考评的结果，公平地向员工提供合理的与他们各自的贡献相称的工资、奖励和福利。设置这项基本功能的根本目的在于增强员工的满意感，提高其劳动积极性和劳动生产率，增加组织的绩效。

4. 调控

这是对员工实施合理、公平的动态管理的过程，是人力资源管理中的控制与调整职能。它包括科学合理的员工绩效考评与素质评估；以考评与评估结果为依据，对员工实行动态管理，如晋升、调动、奖惩、离退、解雇等。

5. 开发

这是人力资源开发与管理的重要功能。广义上的人力资源开发包括人力资源数量与质量的开发。人力资源的数量开发，从宏观上看主要方法有人口政策的调整、人口的迁移等；对于组织而言，其人力资源数量的开发方法有招聘、保持等。人力资源开发是指对组织内员工素质与技能的培养与提高，使他们的潜能得到充分发挥，最大限度地实现其个人价值。

它主要包括组织与个人开发计划的制订、组织与个人对培训和继续教育的投入、培训与继续教育的实施、员工职业生涯开发及员工的有效使用。以往我们在开展人力资源开发工作时，往往只注重员工的培训与继续教育，而忽略了员工的有效使用。事实上，对员工的有效使用是一种投资最少、见效最快的人力资源开发方法，因为它只须将员工的工作积极性和潜能充分发挥出来即可转换为劳动生产率。当员工得到有效使用时，对员工而言，表现为满意感增强，劳动积极性提高；对组织而言，则表现为员工得到合理配置、组织高效运作、劳动生产率提高。

本书认为，人力资源管理功能是指它自身所具备或应该具备的作用，这种作用并不是相对于其他事物而言的，而是具有一定的独立性，反映了人力资源管理自身的属性。人力资源管理功能主要体现在四个方面：吸纳、维持、开发、激励。

① 吸纳功能主要是吸引并让优秀的人才加入本企业。（基础）

② 维持功能是指让已经加入的员工继续留在本企业工作。（保障）

③ 开发功能是指让员工保持能够满足当前及未来工作需要的技能。（手段）

④ 激励功能是指让员工在现有的工作岗位上创造出优良的绩效。（核心）

（三）人力资源管理的目标

人力资源管理目标是指企业人力资源管理需要完成的职责和需要达到的绩效。人力资源管理既要考虑组织目标的实现，又要考虑员工个人的发展，强调在实现组织目标的同时实现个人的全面发展。

1. 人力资源管理目标的内容

人力资源管理目标包括全体管理人员在人力资源管理方面的目标与任务和专门的人力资源管理部门的目标与任务。显然两者有所不同，属于专门的人力资源管理部门的目标与任务不一定是全体管理人员的人力资源管理目标与任务，而属于全体管理人员承担的人力资源管理目标与任务，一般都是专门的人力资源管理部门应该完成的目标与任务。

无论是专门的人力资源管理部门还是其他非人力资源管理部门，进行人力资源管理的目标与任务，主要包括以下三个方面。

① 保证组织对人力资源的需求得到最大限度的满足。

② 最大限度地开发与管理组织内外的人力资源，促进组织的持续发展。

③ 维护和激励组织内部人力资源，使其潜能得到最大限度的发挥，使人力资本得到应有的提升和扩充。

2. 人力资源管理目标的主要组成

（1）人力资源管理的总体目标

人力资源管理的总体目标是指通过人力资源管理活动所争取达到的一种未来

状态。它是开展各项人力资源管理活动的依据和动力。

人力资源管理的最高目标是促进人的发展。从生理学角度看，人的发展包括生理发展与心理发展。前者是后者的基础，后者的发展则进一步影响和促进前者的发展。从教育学角度看，人的发展包括全面发展与个性发展。全面发展是指人的体力和智力以及人的活动能力与道德品质的多方面发展，个性发展是指基于个性差异基础上的个人兴趣、特长的开发与发展。全面发展和个性发展是相互促进的关系，二者有机结合是社会高度发展的产物，也是人力资源开发与管理的最高目标。

（2）人力资源管理的根本目标

人力资源管理的目标是为充分、科学、合理地发挥和运用人力资源对社会经济发展的积极作用而进行的资源配置、素质提高、能力利用、开发规划等。而发挥并有效地运用人的潜能是其根本目标，因为已经存在的人力，并不等于现实的生产力，它常常是以潜在的形态存在。因此，人力资源管理的根本目标就是采用各种有效的措施充分发挥劳动者潜力，提高劳动者质量，改善劳动者结构，合理配置和管理使用，以促进劳动者与生产资料的最佳结合。

（3）人力资源管理的具体目标

① 经济目标。使人力与物力保持最佳比例和有机结合，使人和物都充分发挥出最佳效应。

② 社会目标。培养高素质人才，促进经济增长，提高社会生产力，以保证国家、民族、区域、组织的兴旺发达。

③ 个人目标。通过对职业生涯设计、个人潜能开发、技能存量和知识存量的提高，使人力适应社会、融入组织、创造价值、奉献社会。

④ 技术目标。不断完善和充分使用素质测评、工作职务分析等技术手段和方法，并以此作为强化和提高人力资源管理工作的前提和基础。

⑤ 价值目标。通过合理地开发与管理，实现人力资源的精干和高效。正如马克思所说，真正的财富在于用尽量少的价值创造出尽量多的使用价值，即在尽量少的劳动时间内用尽量低的成本创造出尽量丰富的物质财富。

如果人的使用价值达到最大，则人的有效技能可以发挥到最大。因此，人力资源开发与管理的重要目标就是取得人力资源的最大使用价值，发挥其最大的主观能动性，培养全面发展的人。

（四）人力资源管理的基本职能及其关系

1. 人力资源管理的基本职能

（1）人力资源规划职能

人力资源规划是一项系统的战略工程，它以企业发展战略为指导，以全面核查现有人力资源、分析企业内外部条件为基础，以预测组织对人员的未来供需为切入点，内容包括晋升规划、补充规划、培训开发规划、人员调配规划、工资规划等，基本涵盖了人力资源的各项管理工作。人力资源规划还通过人事政策的制定对人力资源管理活动产生持续和重要的影响。

（2）组织设计与职位分析

企业的组织结构设计就是在企业的组织中，对构成企业组织的各要素进行排列、组合，明确管理层次，分清各部门、各岗位之间的职责和相互协作关系，使其在实现企业的战略目标过程中获得最佳的工作业绩。职位分析是一种确定完成各项工作所需技能、责任和知识的系统过程，是人力资源管理工作的基础，其分析质量对其他人力资源管理模块具有举足轻重的作用。

（3）员工招聘

员工招聘是指组织根据人力资源管理规划和工作分析的要求，从组织内部和外部吸收人力资源的过程。员工招聘包括员工招募、甄选和聘用等内容。

（4）培训与开发

培训与开发主要担负企业人才的选、育、用、留职能。在企业整体人才规划战略指导下，企业需要怎样的人才，如何通过该模块的职能去实现企业战略目标下的合格人才培养和开发需求，这是培训与开发的重点工作方向。

（5）绩效管理

绩效管理是指各级管理者和员工为了达到组织目标共同参与的绩效计划制订、绩效辅导沟通、绩效考核评价、绩效结果应用、绩效目标提升的持续循环过程，绩效管理的目的是持续提升个人、部门和组织的绩效。

(6) 薪酬管理

这一职能所要进行的活动有确定薪酬的结构和水平，实施职位评价，制订福利和其他待遇的标准，以及进行薪酬的测算和发放等。

(7) 职业生涯规划与管理

职业生涯规划与管理是指企业及员工把个人发展目标与企业发展目标紧密结合，对影响员工职业生涯的个人因素和环境因素进行分析，制定员工个人职业发展战略规划，并创造各种条件促成这种规划得以实现，从而促进企业和员工共同发展。

(8) 劳动关系管理

劳动关系管理就是企业中各主体，包括企业所有者、企业管理者、员工和员工代理人等之间围绕雇用和利益关系而形成的权利和义务关系。

2. 人力资源管理基本职能之间的关系

对于人力资源管理的各项职能，应当以系统的观点来看待。它们之间并不是彼此割裂和孤立存在的，而是相互联系、相互影响，共同形成了一个有机的系统。

在整个人力资源管理职能系统中，职位分析和职位评价起到了平台和基础的作用。首先，职位分析为人力资源规划、招聘录用、培训开发、薪酬管理等提供了信息支持。组织为了发展的需要，必须依据职位分析中的各种任职资格要求，对新招聘的或已不能胜任工作岗位、技术和环境要求的老员工进行技术培训和潜能开发。员工工资层级、福利待遇条件、奖惩有了职位说明书为依据更显得科学和公平。其次，职位评价对人力资源规划、培训开发、绩效管理、员工关系管理起到监督和调整作用。通过职位评价可以对部门和岗位的工作绩效做出直观判断，分析出组织工作绩效低的原因，找出提高组织工作效率的途径。

人力资源规划处于整个人力资源管理职能循环体系的起点，是实现其他人力资源管理职能的保障。人力资源规划是职位分析在人事管理中的具体体现。职位分析为组织确定了长期的发展战略和招聘录用的宏观方向，人力资源规划则为组织解决了战术上的难题。第一，培训开发是人力资源规划和招聘录用之后必不可少的后续工作，在培训的过程中，培训需求的确定也要以职位说明书对业务知识、工作能力和工作态度的要求为依据，培训开发的难度取决于招聘录用的质量。三者共同为组织的绩效提供保障。第二，培训开发与绩效管理有着直接、紧密的联系。培训开发的目的就在于提高人员对职位的适应度，从而提高组织的绩效以实现组织的既定目标。第三，培训开发与薪酬管理也有着密不可分的关系，员工薪酬的内容除了工资、福利等货币形式，还包括各种各样的非货币报酬形式，培训就是其中较为常见的一种。第四，从员工关系管理角度来看，培训开发为各部门员工提供了交流的平台。就部门内部来看，培训开发通过组织文化教育、发展需求教育等有利于员工形成共同的追求和价值观，提高组织承诺。

薪酬管理是人力资源管理职能中最外显的职能。薪酬水平反映了组织内部各职位及整体平均薪酬的高低状况和企业的外部竞争能力。薪酬的设定必须考虑组织的经济实力和社会平均薪酬水平，具体岗位还要进行具体分析，这就要以组织事先做的职位分析和人力资源规划为依据。公平合理的薪酬制度有利于保持组织内部团结协作，而在薪酬设计中适当地拉开岗位间的差距、对绩效突出的员工及时给予奖励则有利于在组织内形成良好的竞争氛围。培训开发本身就是薪酬的重要组成部分，而且对于越是追求上进的员工其激励的作用越明显；另外，通过培训开发，员工被组织委以重任，才有提高薪酬的可能性。

第二章　高效能的人力资源规划与职位体系构建

第一节　人力资源规划

一、人力资源规划的内涵

人力资源规划，是按照组织的战略与发展目标的要求，对组织在将来的环境变化中所面临的人力资源的供需情况进行科学的预测，并采取相应的决策和措施，从而保证组织能够在有需要的时候，在有需要的岗位上，得到不同类型的人才，为组织和个体带来长期利益的一个动态的过程。从这一概念可以看出，人力资源规划包括以下五个方面的含义。

① 战略性：从本质上讲，企业的发展战略和目标是企业进行人力资源规划的依据。人力资源规划为组织的发展服务，是一个企业为其发展战略而制订的一套计划。

② 动态性：就其成因而言，是要顺应企业内部和外部的发展趋势。因为组织的环境处于不断变化的过程之中，这就势必导致人才的供求形势发生改变。因此，人力资源规划一定要随着组织的环境发生相应的改变，人才的发展计划不会一成不变。

③ 前瞻性：从本质而言，人力资源规划建立在对组织中的人才需要进行详细分析和预测的基础上，并以此为依据，找出组织发展变化的基本规律，为企业制定长远发展目标，制订缩小人力资源素质结构等方面可能存在差距的方案。

④ 综合性：从过程来看，人力资源规划指的是将组织发展战略与岗位编制、人员配置、教育培训、薪金分配、职业发展等有关的各个环节进行融合，进而整合协调各种要素和资源，这是一种综合且长久的组织计划安排。

⑤ 双赢性：从结果来看，企业战略管理的根本目的在于为企业和个人带来长期的收益。企业的人才供给必须在数量、质量和结构上都能与企业对人才的需要相匹配，从而提高企业的生产效率。并且，通过对企业人力资源进行充分的挖掘和运用，可以对员工进行高效的激发，提升他们的素质，从而达到"人尽其才，才尽其用"的目的，实现对企业内部人员进行优化分配和动态均衡的目标。

二、人力资源的供需预测

（一）人力资源需求预测

1. 人力资源需求预测概述

人才的需求量是一个公司在特定的时间段里对人才的需求数量、质量和结构的估算。人才需要是一种引导性的需要，归根结底是由公司所提供的商品或服务决定的。因此，在对人力资源的需求进行预测以前，首先需要公司对其商品或者服务的需求进行预测。之后，在特定的技术和管理环境下，将这种预期转化为对其所需要的人员的人数和素质的预期。人力资源需求预测需要对下列因素进行分析。

（1）产品和需求预测

产品与需求的预测一般是在行业与企业发展层面进行预测的。从行业的视角来观察，各个行业的产品注重于满足消费者的各种需要，其受到消费者人数、消费者的偏好、收入水平、价格水平以及政治、经济、社会、技术等直接和间接、长期和短期的因素的制约。因此，行业内的需求不仅存在着长期平稳的走势，而且还存在着短时震荡的现象。在一个行业中，一个公司的影响力，是由公司在产品质量、成本价格、品牌信誉、促销努力等领域与竞争对手之间的差别所造成的。

一般来说，在不改变生产技术和管理水平的情况下，社会对公司产品的需求与公司对人员的需求是成正比的，如果公司的产品和服务的需求提高了，那么公司内部所设置的岗位和聘请的人员的需求也会随之提高。

（2）企业的发展战略和经营规划

公司的发展策略与运作计划，一方面与公司所处的外部市场，特别是与公司对其提供的商品与服务的需要情况密切相关；另一方面，它还依赖于公司能否适应外界的变化，以及公司自身特定的经营目的。公司的岗位配置状况、员工的数量和结构，都是由公司的发展策略和运营计划所决定的。在公司选择实施扩张策略的时候，将来公司的岗位数量和员工数量必然会增多，在公司对原来的业务领域进行重新定位的时候，公司的岗位和员工组成也会随之进行调整。

（3）生产技术和管理水平的变化

在很大程度上，不同的生产技术和管理方法会对公司的生产过程和公司的组织模式起到很大的影响，也会影响到公司岗位配置的数目和结构。因此，一个公司在制造与经营上的重要改变，将导致公司内部的位置与人事状况也会发生很大的改变。随着公司采用更高效的产品技术，同等规模的市场需求，可能仅以少量的工人即可满足，而新的技术的使用也会对公司现有的员工进行更换。不过，新技术也会带来新的岗位需要，如设计、维护等，这也会让某些类型的工作人员的数量有所增长。

很多因素都会对公司的人才需求产生影响，并且在不同的公司中，这些因素会产生不同的效果，即便是同一种影响因素，对人力资源需求的实际影响也有所差异，因此人才需求的预测应该从企业的发展情况出发，选出最重要的几个因素，并将它们对人才需求产生的现实效果进行分析，以此为基础，对企业的人才需求进行科学的预测。

2. 人力资源需求预测的方法

对人力资源需求进行预测的方法很多，但不外乎两大类：第一类是定量方法，包括趋势预测法、生产函数法、比率预测法等。第二类是定性方法，包括主观判断法、微观集成法、工作研究法和德尔菲法等。

（1）主观判断法

在所有的预测方法中，主观判断法可以说是最简便的预测方式，是指管理者在过去的工作中，通过自身的工作经历，对人力资源影响因素的变动趋势做出主观性的判定，从而对企业人才的需要状况做出预估。在具体的运作过程中，通常会首先让每个部门的主管，以其部门在未来一段时间的工作量状况为依据，对所需人员进行预估，然后汇总到决策层级进行权衡，最后才能对公司的人员数量做出决定。这个办法非常依赖管理者的个人经验，因此需要管理者拥有广泛的管理经历。该办法适合于小型公司，或是经营环境稳定、人员流动不大的公司。

（2）微观集成法

微观集成法有"自上而下"与"自下而上"之分。"自上而下"，是由组织的最高层制定出整体的人事规划和工作目标，并将其层层分解到各个特定的职能部门，进行商讨并加以修正，最后将相关的意见综合起来，反馈给最高层，最高层据此修正整体的规划，并将其公之于众。"自下而上"，是组织内的各部门在各自的发展需求基础上，对某一类人才的需求做出预估，并通过人力资源部对其进行横、纵两方面的综合，最终以公司的经营策略为依据，形成一个总体的预测方案。

（3）工作研究法

工作研究法是以对组织未来任务和组织过程的分析和判断为依据，它先对组织的岗位设置进行明确，之后以岗位责任为依据，对每个岗位工作量及对应的员工人数进行计算。工作研究法的核心在于对工作量进行计算并对工作职责进行划分，因此，一定要制定清晰的岗位说明书和明确的岗位招聘标准。

（4）德尔菲法

德尔菲法是一种结构化的方法，是指在一个特定的领域内，通过专家和资深的管理者从多个方面对问题进行深入分析，进而得出结论。举例来说，为了估算企业未来所需要的人力，企业可以从规划、人员、营销、生产及销售等领域挑选一位管理人员来进行预测。德尔菲法，也叫专家评价法，它是一种用于倾听专家对一个主要技术问题的看法，并对其做出判断的方法。

（二）人力资源供给预测

1. 人力资源供给分析

对于公司而言，人力资源供给的实质就是在公司的产品中进行的劳动力的输入，它由公司的劳动力总人数、单位劳动力的工作时间和标准劳动力的折算系数决定。因此，人力资源的供应预测指的是，对未来某个时期可以为公司供应的人力资源的数量、质量以及结构进行预估。在大部分采用了长期雇佣制度的公司中，人力资源供给有两种渠道，一种是外部供给，另一种是内部供给。与此相对应，人力资源供给预测也应从这两个方面入手。

(1) 外部供给分析

"外部供给"，是指企业能够从外面的劳动市场上获取的人才。除了有长期雇佣潜质的新员工，外部劳动力市场主要涉及的是组织中的次级部门，如体力劳动、钟点工、短工和季节性工等工种。对于有长期雇佣潜质的新员工，要通过一系列的培训，获得公司的信任之后，方可进入公司的内部就业市场。在此之前，他们同其他外来劳工一样，标准劳动力的折换系数都比较低。因此，对外部供给的分析，基本上就是对劳动力供应的数量上的分析。

在劳动力市场的供给中，供给主体和分析单位主要是家庭。家庭人力资源供给决策除了受劳动力的市场工资水平影响，还受家庭休闲意愿的影响。综合来看，这些因素会构成一个总体的人力供给格局，只有在人力供给超过或者与人力需求相匹配的情况下，才能使大部分公司获得维持经营与发展所需的人力资源。当然，就一个特定的公司来说，一个家庭对其所面临的现实供给情况的偏好，也会对该公司的人力供给情况产生影响。因此，公司所处行业的发展前景或公司自身的竞争力，对公司人才供给的情况会产生较大影响。对供应产生影响的其他因素包括：整体经济情况、当地劳动力市场情况以及个人对工作的认识等。

(2) 内部供给分析

"内部供给"，是指企业能够从内部的劳动力市场上获取的人才。在一个经济体中，一些重要部门的劳动者，如具有技术的蓝领工人、大部分管理者和专业技术人员等，他们的雇佣和薪酬并非受外部劳动力市场的直接影响，而更多是根据公司的制度和习惯确定的，因此，它构成了一个与外界劳动力市场（普通意义上的劳动力市场）相隔离的内部劳动力市场，其主要特征表现为：长期雇佣，从外部劳动力市场进入企业的人口很少，按工作而非个人的生产率支付工资，以及内部晋升等。

进入了内部劳动力市场的劳动者，其标准劳动力的折换系数一般都在1以上，而且，当员工经受了专业训练、经验积累和技术提高，其换算系数仍会继续提高。在对新聘人员进行限制性约束的情况下，虽然劳动力的减少（如退休、生育等）和人员的离职会导致劳动力的减少，但劳动力的质量和水平有可能会提高，从而使劳动力的供应得到提高。因此，与外部供给分析相比，内部供给分析不但要对劳动力供应数量的改变进行考量，还需要对劳动力的能力和质量进行考察。

① 内部劳动力市场劳动者人数分析。企业的内外部劳工数量，既依赖于新雇佣的外部劳工数量，也依赖于企业的内部劳工数量。在对新员工的数量进行了严厉约束的情况下，内部劳动力市场的人员供给状况，在很大程度上是由已存在的内部劳动力市场人员的数量及其变动情况所决定的。

企业内部劳动力的数量会随着企业员工的性别、年龄、体质等因素而发生相应的变化。举例来说，一家公司现在有 30 个 58 岁的男工，在两年之后，公司的内部劳务市场上将会出现 30 个人的缺口。企业内部劳动力市场上的员工流动状态分为两种：一种是企业内部员工的外流，另一种是企业员工的内部流动。企业员工外流有很多形式，如员工离职、被解雇等，员工的外流就是内部劳动市场的缩水。公司内部员工流动对公司特定部门、岗位的员工供应有重要的影响。对公司人员内部流动产生影响的因素，主要包括公司的绩效评估制度和结果，还有公司的内部晋升和轮换制度等。因此，内部劳动力市场劳动者人数的分析需要对员工的性别、年龄和身体状况、企业人员离职倾向、企业绩效考核制度和结果、企业内辞退、晋升和轮换制度等因素的变化和影响加以考虑。

② 内部劳动力市场劳动者素质分析。当企业的内部劳动力数量不变时，企业员工质量的变动将对企业的内部劳动力供给产生一定的影响。人才质量的转变主要表现为两个层面：一是高质量人才所占比重的改变；二是员工整体素质的改变。不管是高素质员工的数量上的增加，还是整体员工素质水平的提升，都会提升公司的生产水平，进而调整公司的生产效率，增加公司内部劳动力市场人力资源的供给，相应地增加公司人力资源的总体供给。对员工的素质产生影响的因素有很多，如工资水平的提高、激励工资（包括绩效工资、奖金、利润和股权分配计划）的执行，各种培训投入的增加等，都可以帮助提高员工的质量。因此，在对人力资源的质量进行研究的时候，一定要注意这几个方面的改变和作用。

2. 人力资源供给预测分析

对人才的供给进行预测，主要是为了满足公司在未来一段时间内对人才的需要，从而对公司在未来一个阶段能够从其内外两方面得到的人才数量和质量进行预测。它包括外部人力资源供给预测和内部人力资源供给预测。

（1）外部人力资源供给预测

① 影响因素。影响外部人力资源供给预测的因素主要有三个，即行业性因素、地区性因素和全国性因素。

行业性因素具体包含以下几个要素：一是公司所在的行业的发展前景；二是在该行业中，公司的数量、实力以及招揽人才的方式；三是公司在该行业中所处的位置及其竞争实力等。

地区性因素主要有：公司的驻地和周围区域的人口密度、就业水平、就业观念和教育水平，公司的驻地对人才的吸引力等。

全国性因素具体包含以下内容：对未来几年国家经济发展形势的展望、全国范围内对各种工作岗位的需要、各类学校的毕业生规模和结构，教育制度的改革对人力资源供给的影响，国家就业政策、法规的影响，等等。

② 预测方法。第一，直接收集有关信息。企业可以对所关心的人力资源状况进行相关调查，获得第一手材料。

第二，查阅相关资料。国家或者某一地区的统计部门、劳动部门都会定期发布一些统计数据，企业可以通过这些现有资料获得所需信息。当今互联网的迅速发展使相关信息资料的获得变得更加容易。

第三，对应聘和雇佣人员的分析。对企业已经雇佣或前来企业应聘的人员进行调查和分析，也可以对人力资源供给情况进行估计。

（2）内部人力资源供给预测

第一，影响因素。企业的人才战略及相关的经营手段对人才培养起着决定性的作用。对于人才，每个公司都会有着不一样的期待，有些公司会鼓励员工进行理性的流动，把更多的注意力集中在从外面引进成熟的优秀员工，希望能持续地为公司注入新鲜血液；有些公司想要的是可以长久保持的人才，他们试图用丰厚的薪酬、更多的训练和更大的发展空间来保证公司员工的稳定性。

第二，预测方法。一是员工档案法。从员工进入公司之日起，人力资源管理部门就应当为其构建一份完整的个人档案，方便公司对目前哪些员工可以被晋升或调动做出判断。在职工个人档案中，应当记载以下几项：① 职工的个人情况，如姓名、性别、年龄等；② 员工的过往经历，包括先前的受教育、工作和培训经历等；③ 职工在本单位的工作经验；④ 员工在企业中的职位与报酬的变动，对其工作表现的评价，对其进行的训练的内容与成效；⑤ 人员的素质，即对其主要素质、业务素质、所获奖项、所获成绩等方面的考核与评判；⑥ 对员工进行职业发展计划，如员工的职业发展目标与计划，职业兴趣等。二是人员接替法。很多公司的管理者都是从内部员工中晋升上来的，因此要找出几个重要的管理岗位上有可能的潜在的继任者，明确他们的潜在能力，并判断他们是否能够胜任工作，这就是人员接替法。

通常来说，在实践中，内部人力资源供给预测会采用多种预测方法，得出不同的预测结果，然后对这些预测结果进行综合分析，做出合理的预测。

三、人力资源规划的编制

（一）人力资源规划的编制内容

人力资源规划的编制主要包括以下几方面内容。

1. 职务编制规划的制定

职务编制规划，要以企业的发展战略为依据，并与职务剖析的内容相联系。职务编制规划对组织结构、岗位设置、岗位描述和岗位资格要求等方面进行了说明，它的目标是描述出组织的功能规模和发展方式。

2. 人员配置计划的制订

企业人员的配置要依据企业的发展计划，并与企业的人事需求报表相配合。人员配备规划对公司每个岗位的人员数量、人员岗位变动、岗位人员空缺数量等进行说明，它的目标是要对公司未来的人员数量和素质组成有清晰的认识。

3. 人员需求的预测分析

即以职务规划和人员配备为基础，对各个部门的人员需求进行理性的预估，将在预期中所需要的职务名称、人员数量以及期望到岗的时间进行详尽的列举，最终构成一个包含员工数量、招聘成本、技能要求、工作类别的清单，也就是为实现组织目标所需的管理人员数量和层级的清单，并根据该表有目的地进行今后的人员补充规划。

4. 员工供给计划的确定

上文提到，员工供给主要可以通过内部晋升和外部招聘两种方式来完成。在进行内部晋升时，需要企业的人事部对本企业中各个单位中的杰出员工进行全面的认识，包括具备晋升资格的员工的数量、整体质量等，还可以与各个单位的负责人进行联络，让他们进行引荐。在公司内部晋升过程中，无须进行企业文化建设，而获得晋升的人员则在很大程度上已经融入了企业文化；晋升能让员工获得一定程度的满足，从而更容易调动他们的工作积极性。从外面招募，虽然不如从内部提拔，但也并非完全没有好处，如若能从外面招募到好的员工，把他们留下来，最大限度地利用起来，那就更好了。在对供给现状进行确认的时候，要对人员供给的方式、人员内外的流动政策、人员获取途径和获取实施方案等进行详细说明，尤其是当前，一些特殊的人才已经出现了短缺现象，因此要对此进行全面的考量。

5. 培训计划的制订

对企业员工进行相关的教育和训练，是企业发展中不可或缺的一环。其目标，一是提高人才队伍的整体水平，使其更好地满足企业发展的需求；二是增强员工对企业经营理念和企业文化的认同，以及对企业的热爱。在培训方案中，培训政策、培训需求、培训内容、培训形式、培训效果评估等方面都要有具体的文件，既要有指导原则和方针，又要有具体的时限和可操作的内容。

6. 人力资源管理政策调整计划的制订

人力资源调整属于一种具有广泛影响的工作，它包含了招聘政策调整、绩效考核制度调整、薪酬和福利调整、激励制度调整、员工管理制度调整等方面。因此，在制订一份关于人力资源管理政策调整的规划时，应该对人力资源管理政策调整的理由、步骤和范围等方面进行详细的说明。

在制订人力资源成本预算时，要对成本有正确的认识，成本包括员工的招聘成本、员工的培训成本、工资成本、劳动保障成本等。一个详尽的成本预算可以让企业的决策者清楚每种资金都用在了哪里，从而可以更方便地获得相关的费用，并进行人事调整。

任何一个企业都会遭遇诸如招聘失败、新政策导致的员工不满意等问题，而这些问题往往会对企业的运营产生不利的后果，严重的还会给企业带来灭顶之灾。风险分析指的是通过风险识别、风险估计、风险驾驭、风险监控等一系列工作，来预防风险的发生，并针对潜在的风险，制订相应的应对措施。

(二) 人力资源规划的编制流程

1. 预测和规划组织内部未来人力资源的供给

通过对企业内已有的各类人才的数量进行精确的计算，并与企业在一段时间内的人才流动相比较，就可以对企业在今后一段时间中所能够获得的各类人才的数量进行准确的估计。

(1) 现有人力资源的预测

现有人力资源预测基于以下信息：组织内各类人员的基本信息，如性别、年龄、学历、工作履历等；员工的技能水平，包括知识、技术、工作经验、发明、创造，以及发表的学术文章或获得的专利等；员工的潜能，包括个人的发展目标、工作的兴趣和爱好等；组织内现有各职位所需的知识和技巧，以及每一个阶段的认识变化。

(2) 人力资源流动情况的分析

在一个组织中，现存人员的变动可以分为以下五类：① 保持原有职位不变；② 并行职位变动；③ 组织内部晋升或调降；④ 离职或从该机构中被除名（外派）；⑤ 退休，因受伤或疾病死亡。

当前，国内外各组织对本组织的人力资源供给的预测，是根据对本组织各部门的管理人员在过去相关工作岗位上的调入和调出的数据，以及在本单位工作变化的数据来进行的。基于这些内容，人力资源规划人员就可以对组织内现在或将来某一期间可提供的各类人才的数目进行预测。该模型适合于在环境比较平稳的情况下进行短期预测。

2. 人力资源的需求的预测

对本组织在未来一段时间的人力资源供给进行了预测和规划以后，就需要按照组织的战略目标，对本组织在将来的某个阶段对各类人才的需求进行预测。对于人才的需求预测，可以按照公司每一阶段的发展情况，采取多种预测方式。

3. 人力资源的供给与需求比较

制定人力资源规划的第三个步骤就是将本组织需要的人力资源的数量和在同一时期之内可以提供的人力资源的数量进行比较和分析，通过这种比较和分析，就可以计算出不同类型的人力资源的需要数量。在进行比较分析的时候，不仅可以计算出在未来的一段时间内人员的不足或过量，还可以对某一特定岗位上的员工的剩余或空缺状况进行详细的了解，然后根据实际情况有针对性地引进或培训相关人员，从而为制定相关人事管理策略和措施奠定基础。

人力资源供给与需求的比较是企业人才战略中最为重要和困难的一环，它将影响到企业人才培养计划的成败。在对人力资源供需关系进行分析的基础上，提出相应的人力资源管理对策。在对人力资源需求进行预估的时候，公司应该以历史数据、销售量、营业额、生产定额、直接生产人员与间接生产人员的比例等为依据，并对公司将来的运营进行预估；对人员供应状况的判断，需要内部和外部两个角度入手。与此相比，对公司的内部人力资源供给预测能更大程度上满足企业的人员需求，但是由于受到了多种环境因素的影响，对于公司的外部人力资源供给预测就常常不容易被精确地掌握。

4. 人力资源规划的制订

完成前面几个步骤之后，人力资源管理部门就可以着手进行公司的人力资源规划了，其中既有公司的总体规划，也有针对公司各项业务的计划。在制订相应规划的时候，需要特别强调，企业的人力资源规划应与企业的内外部发展协调一致。外在的一致意味着，在组织整体计划中，人力资源计划应当作为组织整体计划的一部分；内部一致是指招聘、选拔、任用和培训等业务方案的制定，应当相互配合，这样才能达到对组织人力资源的整体规划。

5. 人力资源规划执行的监控

在执行人力资源规划的时候，由于计划与实际之间会产生一定的差异，因此，为了确保人力资源规划可以被高效地实施，预防执行过程中的突发状况，就需要对人力资源规划的实施进行必要的监控。例如，时事政策和产品市场环境的改变，都将对人力资源规划的实施产生一定的影响。因此，进行高效的监控，对公司实施人力资源规划是非常有利的。

6. 人力资源规划的评估和调整

人力资源规划执行的效果可以通过多个方面来体现，例如，是否降低了企业的成本，是否增加了企业的业务或产出，是否降低了职位的空缺数目，以及是否缩短了职位空缺的周期。当一个公司的某个职位出现了很长时间的空置或者出现了很长时间的人才短缺，并且没有能够得到足够的人员补充的时候，这个公司的人力资源规划就必须做出相应的调整。

对人力资源规划进行评估，一是在执行的时候，要不断地依据内外条件的改变，对人力资源的供需预测进行修改，并采取相应对策，以达到均衡供需的目的；二是要评价预测的效果和所制定的对策，来度量预测的精确度和对策的效果，发现问题并总结可资参考的地方，为今后的规划工作做准备。

四、人力资源的业务规划

（一）招募规划

招募规划是指根据所需人员的数量和质量，制订适当的招聘计划，一般是一年一次。具体的工作主要有：可以从内部提拔和调动的人员数量，需要从外部招聘的人员数量，招聘时间和方式的确定，招聘人员来源的确定，招聘人员的经费预算，等等。其招聘程序为：

第一，以对未来人力资源的预测为基础，构建出一个招聘计划，具体内容包含：在该组织中，目前的人力资源数量、质量和结构现状与决定招收的人力资源的数量、质量和结构的对比等。

第二，制作招聘材料，并对员工进行训练。例如，工作说明书（职责、性质、内容等），个人情况（生理、心理状态）等。

第三，建立招聘通道，包括广告招聘、人才招聘会、校园招聘、就业服务机构、网络招聘、员工举荐、亲属推荐和自荐等。

（二）甄选规划

甄选就是从众多候选人中挑选出最符合企业需求的，也就是企业挑选候选人的过程。甄选是在公开招聘后进行的一项工作，目的是对候选人的个人信息和个人能力进行评价。企业需要对员工进行充分的评估，以确保对员工的满意度。虽然组织的大小、用人理念和工作类型的不同而存在不同，但人员甄选的程序是大同小异的。

① 确定甄选时间。一般来说，公司甄选人才的时间大多集中在春季，这是由国家相关政策、劳动力市场特点以及相关产业特性决定的。

② 选择甄选方法。即通过笔试、口试、心理测验、测评中心等方法选拔人才。

③ 审查应聘者资料。

④ 考试。比较客观地了解应聘者的知识技能、心理等情况。

⑤ 面试。进一步获得应聘者的其他非智力因素，以全面考察应聘者的状况。

⑥ 体检。根据工作性质不同做相应的检查。

⑦ 发出录用通知。

⑧ 试用考察。一般为三个月，个别为六个月。

⑨ 正式录用。由主管部门对试用期绩效进行评估，合格即可转正。

（三）培训开发规划

培训开发规划旨在为企业中长期需要填补岗位缺口预先配备人手。在对员工进行训练时，应该根据公司的经营需求以及公司的战略目的，从以下几个方面展开：新入员工的培训；专业员工的培训；部门负责人的培训；普通人员的培训；人才选送进修计划。

（四）晋升规划

对于一个公司而言，有计划地提拔人才，使之符合更高级别职位需求，是公司的一项主要功能。对有才能的人员进行提拔，可以最大限度地激发出员工的工作热情，发挥出人才的最大动力，实现人才的最大效用。其中，工作年限、工作经验、工作成就、潜在的学习性是员工提升计划的重要因子。晋升方法包括以工作业绩为衡量标准的功绩提拔制度、不受资历约束的具有特别才华和贡献的越级提拔制度、以工作年限为基础的年资提拔制度，及以工作年限为基础的考试提拔制度。晋升规划是人力资源管理最重要的职能。

一般来说，人力资源晋升规划主要经过以下步骤。

第一，确定空缺的职务。每个单位每年都要对人才供需情况进行一次分析，并对对应岗位的供需情况进行分级分析。

第二，建立公司的晋升策略及准则。针对职位所需的技术和管理才能，为其单独设定相应的任职条件和晋升准则。

第三，制定提升步骤。首先，发布信息，公开招聘职务的要求和招录应聘人员；其次，根据情况，选择合适的岗位人员；再次，让晋升的员工到新岗位进行试用，一般来说，试用期为三个月；最后，根据试用期的表现与成绩决定是否正式任用。

晋级制度必须是公平、公正的，它必须符合公司的战略需求，结合员工的职业发展，并且要与公司的发展和公司的运营计划联系起来，这样就可以推动公司的发展。

（五）人员补充规划

编制人员补充计划时，要明确不同级别的人事空缺的条件，如资历、培训、年龄等。人员补充规划旨在使企业在中期和长期发展过程中，对空缺岗位进行合理的安排。人员补充规划与员工晋升规划之间具有非常紧密的关系。在晋升计划的干预下，工作岗位的空缺逐渐向级别较低的职位转移，最后就会更多地体现在低级别的需求上。但这也意味着，对于低级别的人员的招募和录用，需要考虑未来他们成长起来以后的任用问题。

（六）职业生涯规划

作为一项系统的、动态的工程，职业生涯规划将职业发展目标定位、成长机会、职务提升、竞聘等每一个时期所积累的知识与经历融为一体，是以自身情况、企业战略、外部环境等为基础，对每个时期的职业目标进行界定，并对其进行合理的安排，从而制定出一套行之有效的发展战略。从个体的层面上来讲，职业生涯规划的功能就是让我们建立一个清晰的人生目标和计划，让我们认识自己，为自己的发展和未来做好准备。与此同时，个人要以这个人生目标为中心，持续地学习，提高自己，从而达到自己的事业目标，并帮助公司发展，与公司迈向共赢的发展之路。从企业的层面上来讲，职业生涯规划是企业帮助员工明确职业目标和职业发展路径，从而能够最大限度地激发员工的工作热情，充分地将他们的才能与潜力释放出来，在关注员工成长与发展的同时达到企业的发展目标。

职业生涯规划需要采用科学的方式，不能盲目地从众，在进行职业生涯规划的时候，员工需要对自己职业发展的内外部环境以及自身的情况有一个清晰的了解，以便对自己的职业发展进行准确的定位，为个人和公司的利益实现共赢做出努力。多维度的评价方式非常重要，它涉及了内外部评价和个体评价。其中，外部环境评价指的是，在员工的职业生涯计划过程中，员工所处的政治、经济、社会、技术以及企业的政治生态等可能影响员工职业定位和发展的环境因素。可以使用 PEST 分析模型，对外部环境进行剖析，让他们对自己所处的外部环境的需求有一个清晰的认识，从而强化个体的知识和素养，以便更好地与外部环境相匹配。

外部评价之外，个人还必须客观全面地评价自己的职业状况，以便把握自己的职业生涯定位与公司的人才需求发展的趋势之间的关系，预测自己的职业生涯与实际之间的距离，从而做出有意义的补充。在实际的运作过程中，可以每年进行一次评价和调节，保持大的趋势不变，并在小的方面进行适当的调整；还可以使用 SWOT 分析方法，对个人的情况展开多维度的评价。通过对自己的职业发展路径进行准确的规划，让现代化公司的员工能够实现自己的职业生涯规划，达到个人和公司发展的双赢，促进双方的共同成长。

第二节 职位体系管理

一、工作分析

工作分析是指对各种工作的性质、任务、责任、相互关系以及任职人员的知识、技能、条件进行系统调查和研究分析，以科学系统地描述并做出规范化记录的过程，工作分析是职位体系设计的基础。

（一）工作分析的基本内容

工作分析是一种重要而基础的管理工具，进行工作分析的目的是回答以下六个非常重要而基础的问题。

① 员工需要完成什么样的体力或脑力劳动？
② 工作将在什么时候完成？
③ 员工应该如何完成这些工作？
④ 这些工作在哪里完成？
⑤ 为什么要完成这些工作？
⑥ 员工完成这些工作需要哪些条件？

同时，工作分析的内容包括以下三个方面。

第一，对工作内容的分析。对工作内容的分析是指对产品（或服务）实现全过程及重要的辅助过程的分析，包括对技术开发、工作步骤、工艺流程、工作规则、工作环境、工作设备、工作参数、辅助手段等相关内容的分析。对工作内容的分析能够使组织的工艺、技术、生产及品质控制得到更加出色的发挥，以达到工艺简洁、生产高效、技术领先和品质卓越的目的。

确保每个岗位能够非常出色地完成工作任务，需要各种专业知识和技能作为保障，缺少其中任何一项都是难以完成的。实际上，大多数岗位如果缺少某种专业知识和技能几乎是不可能完成工作任务的，因此，对各岗位提出技能要求成为必然。

岗位需求分析包括经验、能力、学历、专业、年龄、性别和特殊技能分析，通过对其分析形成工作说明书，可以明确该岗位任职的基本标准。

第二，对岗位、部门和组织结构的分析。大多数工作都不可能由一个人单独完成，工作的复杂性、多样性和劳动分工使岗位、部门和组织结构成为必然。不同的行业、不同的产品影响着岗位、部门和组织结构的设置，但企业在特定时期，总有一个组织模型是最适合自己的，对岗位、部门和组织结构的分析包括对岗位名称、岗位内容、部门名称、部门职能、工作量及相互关系等内容的分析。

对工作岗位、部门和组织结构的分析能够使组织发挥协调和平衡的功能，达到分工合理、简洁高效和工作顺畅的目的。

第三，对工作主体员工的分析。其包括对员工年龄、性别、爱好、经验、知识和技能等方面的分析，通过分析有助于把握和了解员工的知识结构、兴趣爱好和职业倾向等内容。在此基础上，企业可以根据员工的实际现状合理规划其职业生涯，并在员工成长过程中将其安排到最适合其特点的工作岗位上，达到人尽其才的目的。

在瞬息万变的工作环境中，一个科学的工作分析系统是至关重要的。新的工作不断产生，旧的工作要重新设计。参考一份前几年所做的工作分析资料，我们就会发现与现实不相符的很多信息，但重要的是，工作分析有助于企业发现环境正在不断变化这一事实。

工作分析的各种数据实际上对组织结构管理、人力资源管理的每一个方面都有帮助，而且是最基础的帮助。在组织结构管理和人力资源管理的大部分活动中，几乎每一个方面都涉及工作分析所取得的成果，工作分析是整个企业组织结构管理和人力资源管理的基础平台，是企业实施全面管理的前提。

具体地说，工作分析的意义表现在以下七个方面。

其一，工作分析与组织结构。组织结构的科学性和合理性在很大程度上促进或约束着岗位工作的开展，进行工作分析的一个重要内容就是要为企业组织结构的优化和再设计提供基础数据。通过工作分析，可以全面揭示组织结构、层级关系对岗位工作的支持和影响，为最佳组织模式的选择提供决策依据。

其二，工作分析与人力资源计划。工作分析的资料可直接应用在人力资源计划方面，仅认识到一个企业需要多少新员工进行产品生产或售后服务显然是不够的，我们还应该知道，每项工作都需要不同的知识、技能、经验和能力。显然，一个成功的人力资源计划必须包括这些内容。

其三，工作分析与员工的招聘、选择、录用。如果招聘者不知道胜任某项工作所必需的资格条件，那么员工的招聘、选择和录用工作将是漫无目的的。如果缺少适当的工作说明书，就会在没有一个清楚的指导性文件的情况下去招聘、选择和录用员工，而这样做的结果将会非常糟糕。当然，企业在寻求最有价值的人力资源时，更应该有科学、合理的工作说明，否则会不知道该需要什么样的人。

其四，工作分析与教育培训开发。工作分析中的很多信息在确定人力资源教育培训和开发方面常常是非常有用的。如果工作分析中指出某项工作需要特殊的知识、技能或能力，而在该职位上的人又不具备所要求的条件，那么教育、培训和开发就显得非常有必要了。通常意义上我们所讲的教育、培训和开发，其目的应该是一方面帮助员工履行现有工作说明中所规定的各项工作职责，把工作做好；另一方面是帮助他们开发潜能，学习最新的知识并增加新的工作经验，为升迁更高的工作职位做好准备。

其五，工作分析与绩效评价。基本上所有企业的绩效评价标准都是建立在工作分析的基础之上的，离开工作分析的数据，要建立一套科学、合理的绩效考核指标几乎是不可能的。工作分析的一项重要内容就是为绩效评价系统提供实质性的考核内容，可以这么说，离开工作分析这个基础，要建立任何性质和模式的绩效评价系统都是缺乏基础的空中楼阁。

其六，工作分析与薪酬福利。通过工作分析，可以为各种类型的各种任务确定先进、合理的工作定额。先进、合理，是指在现有工作条件下，经过一定的努力，大多数人能够达到、其中一部分人可以超过、少数人能够接近的定额水平。它是动员和组织员工、提高工作效率的手段，是工作和生产计划的基础，也是制定企业部门定员标准和工资奖励制度的重要依据。工资奖励制度是与工作定额和技术等级标准密切相关的，把工作定额和技术等级标准的评定建立在工作分析的基础上，就能够制定出比较合理、公平的报酬制度。

其七，工作分析与劳资关系。工作分析的信息对员工和劳资关系也很重要。当企业考虑对员工进行提升、调动、降级降职或辞退时，工作说明提供了一个比较个人才能与实际需要是否相符合的标准。谁更优秀、谁更平庸，其实我们只需要用工作说明书的各种要求与员工的实际工作状况进行比较，答案就非常清晰地摆在我们面前了。

同样，完整的工作分析对保证劳资关系的合法性也非常重要，如岗位对年龄的要求、对技能技巧的要求、对视力与听力的要求、对行动能力的要求、对性别身份的要求、对心理健康的要求……一旦这些岗位上的员工不再符合这些要求时，企业就可以按照相关的法律法规进行处置。工作说明书为这些问题的处理提供了合法的依据。

（二）工作分析的基本方法

工作分析的方法比较多，但没有任何一种方法可以独立完成整个工作分析。常用的工作分析方法包括职位问卷分析法、工作日写实法、测时法、工作抽样法、访谈法和关键事件分析法等。其中，职位问卷分析法主要用于定量分析，工作日写实法、测时法、工作抽样法、访谈法和关键事件分析法主要用于定性分析。

1. 职位问卷分析法

职位问卷分析法主要用于定量分析。由于问卷是事先设计好的，因此分析过程的标准化程度很高，避免了主观和人为因素对信息收集过程的影响。职位问卷分析法既科学合理又快捷方便，可以非常直接地获取大量的信息，而且信息内容指向性强、具体、详细，这是其他分析法所不具备的优点。

职位问卷分析法的主要特点在于，它将工作科学、合理地分解成多个基本领域，并提供了一种可以量化评价的分数顺序或顺序轮廓。其真正的优势在于它对工作进行了等级划分，对工作职责及工作内容中所包含的决策活动、技能活动、身体活动、设备操作活动以及信息加工活动等每一项工作都分别分配了一个量化的分数，使用起来非常简单和便捷。

采用职位分析问卷开展具体调查活动前，一般需要对被调查人员进行必要的讲解和培训，使被调查人员完全明白分析问卷的内容和要求后再进行填写，只有这样，才能通过调查收集到各种有用的数据和资料。如果调查的面非常广、人数非常多，也可以将调查的各项说明及要求写在问卷的题头上，让被调查人员阅读明白后再进行具体内容的填写。

2. 工作日写实法

工作日写实法是对员工整个工作日的工时利用情况，按实际时间消耗的顺序，进行观察、记录和分析的一种方法。

工作日写实根据观察对象和目的的不同可分为五种，即个人工作日写实、工作小组工作日写实、多机床看管工作日写实、自我工作日写实和特殊工作日写实。

工作日写实包括三个主要步骤：一是写实前准备；二是实际观察记录；三是整理分析。写实前应做好充分的准备。首先，选择合理的写实对象。为了分析和改进工时利用的情况，找出工时损失的原因，应选择优秀、普通和表现较差的三组员工作为对象，分别进行写实，便于分析和比较。其次，了解写实对象的工作情况，如设备、工具、劳动组织、工作地布置、工人技术等级、工龄、工种等，进行充分了解。

进入实际的写实观察记录时，应从工作上班的时间开始进行记录，一直到下班结束。将整个工作日的工时消耗毫无遗漏地记录下来，以保证写实资料的完整性。在观察记录过程中，写实人员要集中精力，在员工的配合下，按顺序判明每一项活动的性质，并简明扼要地记录每一事项及起止时间。

完成实际的写实观察记录后，应对写实资料进行整理和分析：计算各活动事项消耗的时间；对所有观察事项进行分类，通过汇总计算出每一类工时的合计数，编制工作日写实汇总表；在分析研究各类工时消耗的基础上，分别计算出每类工时消耗占全部工作时间和占作业时间的比重；拟定各项改进工时利用的技术组织措施，计算通过实施技术组织措施后，可能提高劳动生产率的程度等，最后再根据写实结果，写出写实分析报告。

3. 测时法

测时法是以工序或某一作业为对象，按照操作顺序进行实地观察、记录、测量和研究工时消耗的一种方法。测时法与工作日写实法一样，也是进行工时研究的一种有效方法，但又有许多不同之处。首先，两者的范围不同，工作日写实是以整个工作日为对象，进行总体观察，而测时只是研究某一工序或作业的工时消耗情况。其次，工作日写实的根本目的是掌握工作时间的构成，减少工时损失，为改善工时利用提供依据；而测时主要是为了找出工序作业时间内各项操作的正常工时消耗值，为制定工时定额提供依据。

开展测时工作前，测时人员应对被测试的对象进行选择。选择的对象应该具有代表性，一般应选择那些在经验、技能和熟练程度上都比较出色的员工作为被测时的对象。因为经验、技能和操作水平较差的员工对其测时的数据没有代表性，所以在选择时应慎重考虑。

同时，在开展测时工作前，测时人员还应对可能影响测时结果的各种因素进行识别，找出影响测时结果的各种因素，并采取一定的措施排除这些因素，使测时过程科学、合理且能够完全受控。如果一些因素不能有效地测时，工作前应排除掉，测时人员应分析其对测时结果影响的广度和深度，并找到解决这些因素的对策。通常这些因素包括工作流程、工作现场及设备、工具、物料及工作环境等。

4. 工作抽样法

工作抽样法是统计抽样法在岗位调查中的具体应用，它是根据概率和数理统计学的原理，对工作岗位随机地进行抽样调查，再利用抽样调查得到的数据资料对总体状况做出推断的一种方法。与其他工作分析方法相比，工作抽样法的特点是调查时间短、次数多，测试人员不必整天连续待在工作现场进行观察，但需要一个较长的时间周期来完成整个抽样工作。

工作抽样法和其他工作分析法一样，只要遵守随机性的原则，且保证有足够的抽样观察次数，抽样的结果一样具有较高的可靠性和精确度。

工作抽样法的步骤如下。

① 明确调查目的。进行工作抽样首先要明确调查的目的，然后才能确定调查对象和范围，确定工作抽样所应达到的可靠度和精确度。

② 作业活动分类。对被观察对象的活动进行适当的分类，以便正确地进行

观测记录及事后的汇总和整理、统计分析。调查员工工作情况时，一般按照工时消耗的性质分类；调查设备的运行状况时，一般以停机时间的原因进行分类。

③ 确定观测次数。观测次数就是工作抽样的样本数。抽取样本数越少，所得到的结果的准确性、可靠性就越低，对总体的代表性也就越差，反之，对总体的代表性就越强。大量实验数据表明，要掌握员工在工作过程中工时的利用情况，需要观测 1000~2000 次；要测定机器的工时利用率，需要观测 3000~5000 次；要测定某项工作的标准工时，需要观测 5000~8000 次。

④ 确定观测的时机。观测时刻选择是否得当，关系到观测结果的可靠性和精确度。观测时刻的确定必须遵从随机的原则。一般工作周期较短的工作，尽可能在几个工作日内完成；工作周期较长的工作，则控制在几个月内完成。

⑤ 现场观测。进行现场观测时不需要使用秒表或其他计时工具，当观测人员按预先设定好的路线达到规定的观测位置时，应像摄像机一样，将一瞬间观察到的工作内容记录到调查记录表中，至于调查对象在一瞬间之前或之后在从事什么活动则不必去管它。

⑥ 检验抽样数据。完成全部观测以后，须检验全部抽样的结果。检验的方法是：首先计算出所调查的主要事项的发生率；其次分别计算出上下线控制界限。

⑦ 评价最后抽样结果。计算出所有分类事项的发生次数和发生率后，应结合观察到的现场情况，做出必要的分析评价和说明，以便采取措施，改进工作程序和方法。

5. 访谈法

访谈法是一种互动性和目的指向性都很强的工作分析方法，通过工作分析人员对员工进行引导性的提问和交流，获取对工作分析有帮助的各种直接信息和间接信息。与其他工作分析法相比，访谈法的最大优点就是简便快捷、信息量大而且非常直接和真实，工作分析人员几乎可以通过面谈技巧获得工作分析所需要的任何信息。但同时，访谈法对工作分析人员的专业技能也提出了较高的要求：一个善于交流沟通和引导别人谈话的工作分析人员可以在很短的时间内获得他想要的全部信息，而一个专业技能较差、缺乏经验的工作分析人员可能花上一整天也难有收获。

为了提高访谈法的效果，工作分析人员应事先对约谈的对象进行一定的了解，包括行业特点、人员素质、企业现状等，然后在此基础上拟订一个面谈提纲，确保面谈的质量和效果。

6. 关键事件分析法

关键事件分析法是指工作分析的调查人员、本岗位员工或与本岗位有关的员工，将劳动过程中的"关键事件"加以记录，在大量收集信息之后，对岗位的特征和要求进行分析研究的方法。这里的关键事件是指在劳动过程中，给工作造成显著影响的事件。通常关键事件对工作的结果有决定性的影响，基本决定了工作的成功与失败、盈利与亏损、高效与低能。

运用关键事件分析法进行工作分析，其重点是对岗位关键事件的识别，这对工作分析人员提出了非常高的要求。与其他工作分析的方法相比，这种方法的最大特点是简单快捷并能获得非常真实可靠的资料，但由于工作分析人员本身对行业的熟悉程度不够，加上专业知识和技术方面的局限性，关键事件分析法运用起来比较困难。

关键事件分析法需要技术专家型的工作分析人员，一般非本行业及对本行业专业技术了解不深的工作分析人员很难在短时间内识别清楚该岗位的关键事件是什么，如果在识别关键事件时出现偏差，将会对工作分析的整个结果带来巨大的影响。

识别清楚关键事件后，工作分析人员应记录以下信息和资料。

① 导致该关键事件发生的前提条件是什么？

② 导致该关键事件发生的直接原因和间接原因是什么？

③ 关键事件的发生过程和背景如何？

④ 员工在关键事件中的行为表现是什么？

⑤ 关键事件发生后的结果如何？

⑥ 员工控制和把握关键事件的能力如何？

将上述各项信息资料详细记录后，可以对这些信息资料做出分类，并归纳总结出该岗位的主要特征和具体控制要求。

采用关键事件分析法时应注意以下几个方面。

① 关键事件应具有岗位代表性。

② 关键事件的数量不能强求，识别清楚后是多少就是多少。

③ 关键事件的表述应言简意赅，清晰、准确。

④ 对关键事件的调查次数不宜太少。

二、岗位说明书

工作分析的直接结果之一是形成岗位说明书，假如我们把企业中的岗位当作一种逻辑上的产品，那么工作描述就是这个产品的说明书，也就是说，岗位说明书应该首先讲清楚这个产品的"标准"，其次应该讲清楚它的"功能"。

在工作分析的各个阶段，编制岗位说明书的工作最为复杂。岗位说明书不是人事管理人员或人力资源经理拍脑袋想出来的，而是在工作调查和分析的基础上，根据实际状况科学设计的。在这个阶段，工作分析人员需要投入大量的时间对收集到的各种信息和资料进行研究，必要时还需要借助分析软件等辅助工具进行统计和分析。

（一）岗位说明书构成

岗位说明书的实质是通过工作分析这一工具，对企业各类岗位的工作性质、任务、责任、权限、工作内容和方法、工作环境和工作条件，以及岗位名称、编号、层级和该岗位资格条件、知识要求、职业道德、能力要求、身体条件、岗位考核项目和标准等做出统一的规定。

① 岗位基本信息，主要是通过岗位名称、编号、岗位等级、所属部门、职族类别、直接上级、直接下级、岗位编制等，形成岗位的基本信息，以便对岗位在组织中的位置与类别进行标识。

② 岗位使命，是岗位在组织中预期的责任和最高追求目标。

③ 岗位职责，主要指该岗位通过什么样的活动来实现组织的目标，来完成部门的职能，完成岗位的使命与目标。

④ 岗位发展路径，是指岗位横向轮岗及纵向发展的路径。

⑤ 岗位任职资格，是指为了完成工作，取得好的工作绩效，任职者所需具备的知识、技能、经验及职业素养等要求。

（二）岗位基本信息描述

岗位基本信息是企业内部对某一个岗位的基本标识，通常情况下，每个岗位在企业内部都是独一无二的，为了区别不同部门内部的岗位，企业需要对每个岗位的基本信息进行描述（见表2-1）。

表2-1　岗位基本信息描述技巧

内容	编写说明
岗位名称	是指一个具体岗位的名称，岗位名称需要标准化和统一化，如人力资源经理、采购员等
所属部门	本岗位直属的部门名称，如人事主任所属部门是人力资源部
岗位等级	岗位在公司组织结构中所处的层级，如公司经理的岗位等级是B，主管的岗位等级是C
岗位编号	岗位在公司的唯一编号
直接上级	岗位在组织结构图中的直接行政领导的岗位名称，如人事管理员的直接上级是人力资源经理
直接下级	岗位在组织结构图中的直接管理下级的岗位名称，如人力资源经理的直接下级是培训管理员、薪酬管理员、保险管理员等
职族类别	岗位的职族类别，如人力资源经理属于管理职位族

（三）岗位使命描述

岗位使命是通过高度概括的语言将该岗位的核心职责、存在的根本目的以及对公司的贡献和价值表现出来，也是企业文化的重要接口。岗位使命可以按照"根据……通过……达到……"的格式进行描述。

（四）岗位职责描述

岗位职责是指本岗位在组织中所涉及的工作领域与具体工作内容及与工作职责对应的各种管理权限，以及获得各种信息和资源的权限等。

当然，有些企业在岗位职责描述时还会将每项岗位职责对应的指引流程、规章制度、表单文件及工作输出同步加以描述，这样更便于履职者快速理解岗位职责，迅速进入工作状态。

（五）岗位发展路径描述

岗位发展路径需要明确每个岗位在公司内部横向轮岗及纵向发展的相关岗位，如人力资源部经理可以横向轮岗去做行政管理部经理、经营管理部经理，也可以纵向发展到做管理中心总监。

（六）岗位任职资格描述

岗位任职资格是驱动员工产生优秀工作绩效的各种显性和隐性特征的集合，它反映的是员工以不同方式所表现出来的知识、技能、素养等。

岗位任职资格一般包括基本要求、知识、技能和素养四部分，其中基本要求是指岗位对任职者的最低要求，包括学历、专业、性别、年龄等；知识是指一个人在一个特定领域所拥有的各种信息的总和；技能是指结构化运用知识执行某项有形或无形工作的能力；素养是指员工行为对外部环境及各种信息所表现出来的一贯反应，素养可以预测个人长期在无人监管下的工作状态。

① 学历要求，是指按照国家正规学历教育的程度，坚持适合的原则，最好采用确定某一学历或界定在某一个特定的范围之内。

② 专业要求，是指按照国家正规学历教育结构设置的学科体系进行划分，如人力资源专业、机械设计专业、英语专业等。

③ 性别要求，是指部分岗位的工作特点对性别需求可能有一定的倾向性，在这种情况下可以进行选择。

④ 年龄要求，是指部分岗位的工作特点可能对年龄有一定的倾向性，在这种情况下可以进行选择。

⑤ 特殊要求，是指如果该岗位需要有国家或行业规定的特殊从业资格的，需要在这里注明，如电工证、焊工证、驾驶证、会计证等。

⑥ 工作经验，是指在不同企业或不同岗位所有工作时间的总和，部分岗位的工作特点可能对工作经验有一定的要求。

⑦ 行业经验，是指在本行业所有工作时间的总和，部分岗位的工作特点可能对该行业的工作经验有一定的要求。

⑧ 岗位经验，是指在与公司相同或类似岗位所有工作时间的总和，部分岗位的工作特点可能对岗位经验有一定的要求。

⑨ 知识，包括基本知识、专业知识。

⑩ 技能，包括管理技能、专业技能。

⑪ 素养，包括基本职业素养、特殊职业素养，其中特殊职业素养指该岗位的工作性质对任职者的职业素养的特殊要求。

（七）岗位说明书动态维护

通过岗位说明书的编写，企业可以将所有的职能都分解到相关岗位上去，正所谓"人人有事做"。岗位说明书是相对静态的指导文件，但是其内涵却是动态发展的，从岗位基本信息、岗位使命到岗位职责、任职资格，都会随着企业战略、组织模式、市场环境和人力资源状况的变化而调整，如果调整不及时，岗位说明书对工作的指导意义会越来越不明显，这也就失去了岗位说明书本身的价值所在，因此，岗位说明书的动态维护显得非常关键。

一般情况下，当岗位的职责内容或范围有变动、成立新的部门或增设新的岗位，以及公司的组织结构有重大调整时，人力资源管理部门都需要及时组织对岗位说明书进行修订或重新编写，以适应企业发展需要。

三、工作饱和度分析与定岗、定编、定员

很多企业往往会有这样一个误解，认为岗位说明书编制完成之后职位体系的设计就已经完成了。实则不然，岗位说明书只是规定了每个岗位需要做的事情和岗位的任职要求，但还有以下几个问题没有解决：完成岗位职责的工作标准是什么？岗位工作是否饱和？岗位设置是否合理？需要几个人来做？让张三来做，还是让李四来做更合适？

要回答清楚上述问题，企业在进行职位体系设计时，还需要对每个岗位的工作饱和度进行分析，并在此基础上重新验证岗位设置的合理性（定岗），确定每个岗位的编制（定编）和岗位承接人（定员）。

（一）工作饱和度分析

工作饱和度是指员工的有效工作时间与规定的劳动时间之间的比较值，一般来说，工作饱和度越高就意味着员工的工作效率越高。

1. 工作饱和度分析的作用

① 合理安排工作，压缩浪费时间，提升工作和生产效率。企业通过工作饱和度分析，一方面，明确了工作任务要求，建立起了规范的工作程序和结构，使工作职责明确、目标清楚；另一方面，明确了关键工作的环节和工作要领，使员工能更充分地利用和安排工作时间，从而提升工作和生产效率。

② 制订有效的人力资源预测方案和用人计划。工作饱和度分析的结果，可以为有效的人事预测和计划提供可靠的依据。

③ 选拔和任用合格的人才。通过工作饱和度分析，可以建立明确、有效的标准，从而可以通过心理测评和工作考核，选拔和任用符合工作需要与职务要求的合格人员。

④ 设计员工培训和开发计划。通过工作饱和度分析，可以明确从事工作所需要的技能、知识和其他要求，为企业制订人员培训和开发计划提供资料。

⑤ 提供考核和升职依据。通过工作饱和度分析，可以量化每位员工的工作投入度，为员工考核和升职提供依据。

⑥ 为工作定额和确定薪酬提供依据。很多企业在确定劳动定额的时候苦于没有依据和方法，只是凭经验判断，工作饱和度分析可以帮助企业很好地解决这一问题。同时，企业在进行岗位价值评估、确定每个岗位薪酬水平的时候，也可以参考饱和度分析结果，使薪酬的公平性得到充分体现。

2. 工作饱和度分析流程

① 为每项工作建立工作标准。工作标准是指完成一定工作任务所必须经历的步骤、需要完成的工作及工作输出。建立工作标准的目的在于使工作规范化。工作标准意味着把岗位的每项工作职责的步骤清楚地描绘出来，同时把完成每项工作需要的材料、人力、物力和财力都尽可能有效地计算出来。

② 确定劳动定额，计算标准工作时间。劳动定额是指一个训练有素的人员

按照工作标准规定完成一定工作所需要的时间。企业把员工需要承接的每项工作都计算出其标准劳动定额，然后根据每项工作的频率可以计算出员工每天的标准工作时间。

③ 根据标准工作时间验证定岗的合理性，同时确定岗位编制。企业在进行组织设计时对每个部门的二级结构（包括岗位设置）在很大程度上是凭经验确定的，进行工作饱和度分析后，可以明确判断岗位设置是否合理，对工作饱和度很低的岗位需要撤销或者再设计。

同时，根据每个岗位工作标准时间计算岗位编制。根据经验，假设每天上班时间为 8 小时，企业在确定编制的时候，可以按照标准工作时间 7~7.5 小时确定 1 个编制，当然，不同的企业可以结合自身的实际进行适当调整。

④ 根据定编进行工作再设计。在确定岗位编制的过程中，不可避免地会出现某个岗位的工作如果安排 1 个人来做是超出 8 小时工作时间的，但如果安排 2 个人来做，其中 1 个人的工作又会不饱和，在这种情况下，企业有以下几种方法可以选择：

第一，加班。通过在岗员工加班可以解决的，企业可以考虑在不增加编制的情况下，发放加班工资来解决。

第二，工作扩大化。工作范围扩大或工作多样化，从而给员工增加了工作种类和工作强度。工作扩大化使员工有更多的工作可做。

第三，工作再设计。重新确定所要完成的具体任务及方法，同时确定该工作如何与其他工作相互联系起来的过程。

（二）定岗、定编、定员管理

通过工作饱和度分析，企业不仅可以建立每项职责的工作标准，同时也可以明确每项工作完成的标准时间。可以这么说，企业只有通过工作饱和度分析，才能保证职位体系设计的合理性和有效性。

根据经验，在职位体系设计阶段，除了进行工作分析并根据其结果编制岗位说明书，企业还需要根据其结果对定岗、定编和定员进行动态管理。

1. 定岗

工作饱和度分析为企业进行岗位设置提供了理论依据，只有综合工作分析和工作饱和度分析结果，企业才能确定是否设置某一个岗位，这个过程叫作定岗。在企业进行定岗的过程中，通常需要坚持以下原则。

① 分工与协作。岗位是企业组织设计的末端环节，如果岗位设置过于复杂就难免造成岗位之间的协作困难，因此岗位设置必须兼顾分工与协作两个方面。

② 高效原则。岗位设置必须坚持高效，任何因为岗位设置而导致的协同困难、效率低下都是不允许的。

③ 专业化原则。与组织设计原则一样，岗位设置也必须坚持专业化原则，尽可能让每个岗位都做自己本专业领域的工作。

④ 最少岗位数原则。既要考虑到最大限度地节约人力成本，又要尽可能地缩短岗位之间信息传递时间，减少"滤波"效应，提高组织的战斗力和市场竞争力。

2. 定编

定编就是要规划每个岗位需要的最低人员配置数量。企业在定编管理的过程中一定要按照"从严、从紧"的原则进行编制规划，因为任何一家企业都不可能养闲人、养懒人，企业定编就是要根据完成能够胜任该岗位要求的人员为基准测算和规划完成某一个岗位工作需要的员工数量。根据经验，每个岗位的编制可能是1个，也可能是多个，但如果出现某个岗位编制小于1个的情况，企业必须重新调整该岗位设置，要么进行岗位工作扩大化，要么进行岗位重新设置。

企业实施定编管理的方法如下。

① 劳动效率定编法。劳动效率定编法是指根据生产任务和员工的劳动效率以及出勤等因素来计算岗位人数的方法，实际上就是根据工作量和劳动定额来计算员工数量的方法。因此，凡是实行劳动定额的人员，特别是以手工操作为主的岗位，都适合用这种方法。

② 业务数据分析法。业务数据分析法是根据企业的历史数据和战略目标，确定企业在未来一定时期内的岗位人数。

③ 行业标准参考法。行业标准参考法是按照企业职工总数或某一类人员总

数的比例来确定岗位人数的方法。在本行业中，由于专业化分工和协作的要求，某一类人员与另一类人员之间总是存在一定的比例关系，并且随着后者的变化而变化。该方法比较适合各种辅助和支持性岗位定员，如人力资源管理类人员与其他人员之间的比例在服务业一般为1∶100；IT员工编制与公司IT硬件设备数量的关系是1∶100~1∶120。

④ 预算控制法。预算控制法是通过人工成本预算控制在岗人数，而不是对某一部门内的某一岗位的具体人数做硬性的规定。部门负责人对本部门的业务目标和岗位设置及员工人数负责，在获得批准的预算范围内，自行决定各岗位的具体人数。企业的资源总是有限的，并且是与产出密切相关的，因此预算控制对企业各部门人数的扩展有着严格的约束。

⑤ 德尔菲法。德尔菲法是通过外部或内部专家对某一岗位的编制进行确定的一种方法。

3. 定员

定员就是根据岗位任职资格要求及定编规划，选择最适合的员工从事某岗位的工作。定员要求根据企业当时的业务方向和规模，在一定的时间内和一定的技术条件下，本着精简机构、节约用人、提高工作效率的原则，选择最合适的人员担任某岗位工作。

定员基本操作流程如下。

① 确定岗位任职标准。

② 基于任职资格的员工评价。

③ 根据评价结果确定人选。

④ 定员人选确定及任命。

第三章　高效能的人力资源招聘与培训途径

第一节　构建有效的企业员工聘用体系

对于企业来说，构建科学有效的员工聘用体系是谋求企业生存和发展的重要保障，拥有一支富有竞争力的员工队伍能够帮助企业实现更好的发展。一套完整的企业员工聘用体系通常包含三个部分：招聘、甄选和录用。本节将围绕构建有效的企业员工聘用体系展开详细的探讨，共分为有效招聘的过程分析、科学的甄选与测评方法、员工的录用与配置三部分。

一、有效招聘的过程分析

（一）招聘的内涵

招聘是企业提升自身发展，吸引优秀人才的重要手段。它根据人力资源的规划需要和工作分析的要求，寻找、招收那些兼具实力与兴趣的人员，并从中选取适宜人员进行录用。有效招聘的过程是一个科学明确的选人过程，在这一过程中要想体现出招聘的有效性，必须满足以下四点要求：① 能否及时找到所需人员以满足企业需要；② 能否以最少的投入找到合适人才；③ 所录用人员是否与公司预想一致，是否适合公司和岗位的要求；④ 所招人员进入公司后六个月内的离职率表现。

招聘需要一定的目的和要求，它并不是盲目和随意的招工活动，因此需要对此进行更为深入的理解，如下所示。

第一，所吸引的人员应当符合组织的需要。招聘活动所吸引来的人员，应该是组织目前空缺或将来需要的人员。这实际上强调了组织在发布招聘信息时，应该明确地表达组织对候选人的要求和期望，以减少求职者的盲目性，提高招聘工作的效率和效果。

第二，所吸引人员的数量应适当。在明确表达组织对候选人的要求和期望的同时，组织还需要对可能被吸引来的人员数量进行控制。这个数量不应该过少，否则难以保证候选人来源的广泛性和筛选过程的公平性。这个数量也不宜过大，这样会增加无效的工作量，降低工作效率。

（二）有效招聘的意义

1. 满足企业发展的人才需求

人才被业界普遍认为是21世纪最宝贵的财富，企业之间的竞争归根结底是"有组织"的人的竞争，任何任务的完成都离不开"人"的支持，有效的招聘选拔工作能够为企业的发展提供人力资源支持和保障。

2. 推动组织整体人才竞争力提升

有效的人才选拔工作不仅要保障"个体"的"优秀"，而且需要保持团队的"优秀"，即需要充分考虑团队成员之间的相互匹配性，从而不仅让企业获得了优秀人才，还可以通过有效的人才组合搭配使他们的整体优势最大化。

3. 提升组织的形象和业绩

招聘特别是外部招聘，能够通过招聘信息或宣讲会等形式展示组织形象，让更多求职者和大众了解组织的基本情况，其实也是组织对外宣传的一个过程。此外，招聘流程的设置和安排以及招聘人员的素质在一定程度上代表了组织的管理水平和形象。混乱或无序的招聘会降低企业的公众形象，影响企业的声誉，从而影响企业业绩，而有效的招聘有助于组织在应聘者中树立良好的形象，提高应聘者对企业的评价，从而影响身边的人对组织的看法。

4. 使企业人力资源成本投入产出最大化

在现实的企业实践中，一方面，大量求职者发现自己似乎找不到合适的工作；另一方面，又有大量企业发现自己找不到合适的人才。如何从茫茫求职人海中找到合适的人才，成为招聘选拔主管面临的重大挑战。选拔到最合适的人不仅可以确保企业任务的有效完成，而且可以大大降低培训、融合、保留等方面的成本投入。

（三）招聘的主要内容

1. 确定用人的数量与质量标准

招聘选拔工作的基础是企业招聘需求分析，具体包括岗位分析、素质模型分析及招聘需求调研和招聘计划编制等。不同企业的招聘需求计划周期、形式会有所不同，有些企业具有比较周密的中长期招聘需求计划，有些企业主要是每年制订年度招聘需求计划，还有些企业会根据业务的需要在特定的时间段制订临时性的招聘计划。

2. 寻找候选人

根据企业的招聘需求计划，招聘管理的另外一项重要任务是获取候选人的信息，常用的手段包括发布招聘广告、猎头推荐等。足够数量的符合基本质量要求的候选人信息是确保招聘选拔任务完成的重要基础。

3. 找出最佳人选

找出最佳人选，即从候选人中选到最合适的人才。对于候选人的选拔工作，不同企业采取的策略方法有所不同。

4. 候选人的"谈判"与使用

"选"是为了更好地"用"。招聘选拔工作的一项重要职能是候选人的"谈判"与"达成共识"，为有效使用打好基础。通过谈判，明确薪酬待遇、岗位职责、目标、要求等。有效的沟通工作，既可以更好地保持用人单位和候选人对企业及职位信息理解的一致性，降低用人风险，同时也是确保企业能够吸引优秀人才的关键。

（四）招聘工作的难点和挑战

1. 恰当的标准

① 到底什么样的人是合适的，即人才的标准是什么？
② 判断一个候选人比另一个候选人更合适的根据是什么？
③ 为什么有些企业会重视教育背景而有些企业更加重视职业态度？

④ 为什么有些企业更加重视当前技能而有些企业更加重视个性特质？

⑤ 为什么有些企业特别重视工作经验而有些企业特别重视学历？

⑥ 在鱼与熊掌不可兼得的情况下，是选拔忠诚的人还是选拔专业技能更高的人？

2. 如何判断候选人是否合适

① 当确定了人才的标准后，如何判断候选人是否符合这些标准？

② 如何判断一个人的创新能力比另一个人更强？

③ 如何判断一个人的团队合作能力？

④ 如何判断一个人的压力承受能力？

⑤ 对于那些"以德为先"的企业，如何判断一个人的"德"？

3. 如何把最佳人选吸引进来

① 为什么有些人才第一次与招聘主管交流后，就会放弃与企业进一步接触的意愿？

② 为什么有些人才会选择一些薪资待遇并不高的企业？

③ 为什么企业投入巨大精力、层层考核评估合格的人才，最终却投入其他企业的"怀抱"？

由以上问题可知招聘选拔的难点不在于吸引人才进入企业，而在于如何在资源有限的情况下吸引最佳的人选进入企业？

（五）招聘的程序与步骤

对于一个企业或组织来说，规范员工招聘的程序和步骤是十分必要的，它能够指导整个招聘工作顺利有效地进行，从而提高招聘的效果。一般来说，企业招聘的程序可以按照以下几个步骤实施：首先，组织可以利用雇佣计划和人员需求预测来确定职位空缺；其次，对比分析不同的招聘渠道和方法选择最适合企业的方式，并制订详细的招聘计划和要求，吸引应聘者前来应聘；最后，初步筛选应聘者，组织面试。

1. 确定招聘需求

招聘活动的起点，一般源于职位空缺的产生，一旦职位空缺产生，组织的招聘流程随即启动。一般由职位空缺部门的负责人向人力资源部门提出人员补充需求，人力资源部门接到需求后，再对组织人力资源现状进行分析的基础上给予确认。

此外，如果组织制订了科学的人力资源规划尤其是人员招聘计划，主要的、大批量的招聘需求往往在人力资源规划中就已经确认。在这种情况下，人力资源部门只需按照计划进行后面程序的操作即可。

对招聘需求的确认，包括需求数量、岗位工作内容、基本任职资格等。需要强调指出的是，虽然这个步骤被称为"确定招聘需求"，但并不意味着一旦产生职位空缺，就一定会采取招聘这种形式来进行人员补充。事实上，很多组织在接到人员短缺报告的申请后，人力资源经理往往先对本组织现有的人力资源存量进行分析，尝试是否可以通过内部岗位调动或岗位职责调整等方式解决人员短缺问题。

2. 选择招聘渠道和方法

随着社会的发展，组织可选的招聘渠道日益丰富。除了传统的报刊、电视电台广告外，数量众多的人才中介服务机构、猎头公司以及专业的人才招聘网站等逐渐成为组织招聘的重要渠道。通过人才市场招聘或校园招聘等也是组织常用的招聘渠道。此外，有的公司还采用熟人推荐、求职者"走进来"自荐的招聘渠道。

3. 制订招聘计划

此阶段主要是结合公司发展、用人部门需求及人才供给状况，分析、确定企业的人员需求，包括数量要求和质量要求。

在确定招聘规模时，通常运用一种金字塔模型。在使用招聘录用的金字塔模型时，根据组织希望录用的人数以及组织常用的筛选流程，以及组织确定的筛选比例，自上而下地确定每一阶段需要参加筛选的人数，直至最终确定需要参加第一轮筛选的人数。

4. 对应聘人员进行初步筛选和评估

这一步主要是从候选人简历中初步筛选符合基本要求的人员，并利用专业评估手段进行准确评价。不同企业在深度评估上所采取的工具、环节存在较大差异，部分企业会采取多轮逐步淘汰的方式进行深度评估。

5. 录用前信息补录并发放录用通知

对于深度评估最终合格的人员，即成为企业拟聘用的人。对这些候选人，需要对其进行录用前信息的补充核实，通常包括档案信息的审查、背景核实、单位同意其离职的相关证明以及补充近期健康体检信息等。对于审查合格的候选人，进行录用通知的发放及入职沟通。

（六）招聘的渠道

1. 内部招聘

（1）内部竞聘

在组织内部招聘空缺职位的合适人选，组织需要了解在现任员工中有谁可能对空缺职位感兴趣，将这些感兴趣的员工组织起来参与竞聘，通过技能清单和就职演说等方式来鉴别可能的胜任人选。竞聘的前提是明确告知组织内部员工目前的空缺职位，通过会议、公告牌、内部刊物、内部网站等方式对招聘信息进行有效传递。一种称为"工作公告"的计算机系统软件已经问世，对空缺职位产生兴趣的雇员可以使用此软件测试自身的技能和经验与空缺职位任职资格的匹配程度，从而清楚地知道如果参与给定职位的竞争，哪些素质是必须具备的。

（2）内部晋升

内部晋升是从组织内部获取管理者的一种途径。从内部晋升的管理者有着自身的优势，如业绩、才能、服众等。相对于从外部引进的"空降兵"而言，内部晋升的管理者熟悉组织的业务，了解组织发展中的优势与不足，认同组织的文化和价值理念。但是，内部晋升的管理者可能会受到思维定式、人际关系等阻碍，缺乏改革创新的动力。

2. 外部招聘

（1）媒体广告招聘

媒体广告招聘适用于各种工作岗位，是一种较为普遍的招聘渠道。通过在媒体广告上刊登招聘信息，不仅能将招聘信息传递给工作申请人，还包括潜在的工作申请人，以及客户和一般大众。可以这样说，企业的招聘广告代表的就是公司的形象，需要认真实施。当然，这些广告媒体除了具备以上共性，还分别具有不同的优点和缺点，组织应根据具体的情况来选择最合适的媒体。

（2）就业服务机构

① 猎头公司。猎头公司是近几年逐渐流行的招聘渠道之一，其主要业务为受企业委托，搜寻中高级的管理人才或技术人才。猎头公司具有较广泛专业的人才资源，因此无论是对人才搜索的速度方面还是对人才搜索的质量方面都有很好的表现。

② 人才招聘会。人才招聘会是通过参加社会举办的供需见面会达到招聘人员目的的招聘方式，在人才招聘会上可以进行面对面的交流。人才招聘会是比较传统的，也是被广泛使用的招聘方式。招聘会一般可以分为两大类：一类是专场招聘会，即只有一家企业专门组织、举行的招聘会；另一类是大型综合性人才招聘会，即由某些中介机构组织的，有多家单位参加的招聘会。专场招聘会有的是面向特殊群体举行的，如面向学生的校园招聘会、专门面向技术人员举行的招聘会等；有的不是面对特定群体，而是企业需要招聘大量人才时专门举办的。

（3）校园招聘

校园招聘是企业进行外部招聘的一种渠道，通过校园招聘，企业能够找到相当多数量的具有比较高素质的合格申请者，招聘录用的手续也相对比较简便。年轻的毕业生充满活力，可塑性强，对自己的第一份工作具有较强的敬业精神，因此，对于企业来说是一个非常不错的招聘选择。但是校园招聘也有许多不足之处，如毕业生缺乏工作经验，对待工作容易产生不现实的期望；消耗大量的培训时间，进行企业文化的融合；招聘周期较长、成本较高；等等。

（4）网络招聘

企业可在商业性的职业招聘网站或本公司主页上发布招聘信息。网络招聘通常要使用招聘管理系统来实现后台简历的储存、筛选等人才选拔工作。

（5）海外招聘

在招聘高级管理人才或一些尖端技术的专门人才时，很有可能需要在全球范围进行选择，候选人的数量及质量都与国内的招聘不同。进行海外招聘时不仅手续较为烦琐，而且核查外国人的各种证书以及背景调查等都存在很多困难。

3. 内部、外部招聘的优缺点

无论是内部招聘还是外部招聘，都各有其利弊。表3-1概括了这两大招聘渠道的优缺点。

表3-1　内部招聘和外部招聘的优缺点

	优点	缺点
内部招聘	可提高被提升者的士气，对员工能力的判断更准确，在有些方面可能省花费，可调动员工的工作积极性，可促成连续的提升	易造成"近亲繁殖"，未被提升的人或许士气低落，易引起不同组织上的钩心斗角，必须制订管理与培养计划
外部招聘	"新鲜血液"有助于拓宽企业的事业，相比于人才内部培养要廉价和快速，在企业内没有业已形成的支持者	可能引来商业间谍，不易选到适应该职务或企业需要的人，可能影响内部未被选拔者的士气，新员工需要较长的调整期和熟悉时间

组织选择从内部还是外部招聘人员，取决于组织对这两种来源的利弊分析以及组织自身情况的具体分析。一般而言，这两种来源各有优劣，因此组织往往是将这两种方法结合起来使用。

二、科学的甄选与测评方法

（一）甄选的程序

甄选是企业根据用人要求和用人标准，通过一系列的甄选测评手段对应聘者进行的审查、比较和选择过程。甄选是企业员工聘用体系中关键的一环，科学的甄选和测评能够提高企业中人与事的匹配程度，有利于员工在企业中的发展，也有利于企业提高生产力，节约成本。人员甄选可以分为初选和精选两个阶段。

（二）甄选要素的基本要求

① 要素的相关性，即所设定要素应该与完成岗位任务具有密切的相关性，凭借主观判断纳入无关因素不仅会带来评价成本的上升，而且容易将合适人才错误排除在外。

② 要素的可测量性，即所设定要素必须是可测量的，这种可测量不仅是理论意义上的，更是现实可操作的。设计无法测量的要求进入素质技能要求是没有实际意义的。

③ 要素的区分性，即所设计的要素应该能够有效地将合适的人选和不合适的人选区分开，具有一定的区分度。

④ 要素的可获得性，即我们所设定的要素标准应该是符合现实人力资源市场供求现状特点的，确保我们所要求的人才是现实人力资源市场上能够有效供给的。

（三）甄选与测评的方法

1. 履历评估

通过选择的招聘渠道，根据不同岗位的职务描述与任职资格要求，对求职人员的个人简历进行初步的筛选。其内容包括与工作相关的教育背景、工作技能、工作经验、年龄等是否符合招聘要求，以便挑选符合条件的应聘者进行复试。需要注意的是，简历并不能代表本人，招聘专员可以通过简历大致了解应聘者的情况，初步判断是否需要安排面试，但招聘专员应该尽量避免对应聘者做深入的评价，也不应该因为简历对面试产生影响。

2. 面试

人事部通知求职人员按规定时间到达指定地点参加面试（初试、复试），进行人员的甄选。

面试是通过主考官与应聘者面对面的信息沟通，考察应聘者是否具备与职位相关的任职能力和个性品质的一种人员甄选技术，具有直观、深入、灵活、互动的特点，可考察应聘者的业务水平、表达能力、仪表举止、工作经验、求职动机等。同时，应聘者也可以通过面试进一步加深对组织的了解，比较自己的期望与组织的发展是否一致。因此，面试是员工招聘过程中非常重要的一步。

3. 情景模拟

情景模拟测试是让应聘者在一个模拟的环境中，去解决某方面的一个"现实"问题或达到一个"现实"目标。面试人员通过观察应聘者的行为过程和达到的行为结果，鉴别应聘者处理问题的能力、人际交往能力、语言表达能力等综合素质。一般而言，情景模拟测试法更适合在选择服务人员、事务性工作人员、管理人员、销售人员时使用。根据参与人员的情况，可将情景模拟分为单人测试、多人测试、独立测试和综合测试四种类型。

4. 心理测试

心理测试是指通过一系列的科学手段，将人的某些心理特征数量化，以此来衡量应聘者的智力水平和性格差异的一种选择方法。心理测试具有客观性、确定性和可比较性等优点。

需要注意的是，心理测试作为一个有用的选人工具，必须符合规范性、客观性和标准化等要求。

5. 无领导小组讨论

无领导小组讨论是指由一组应聘者组成一个临时工作小组，讨论给定的问题，并做出决策。由于这个小组是临时拼凑的，并不指定谁是负责人，目的就在于考察应聘者的表现，尤其是看谁会从中脱颖而出，但并不是一定要成为领导者。

无领导小组通过一定数目的应聘者组成一组（5~7人），进行1小时左右的与工作有关的问题讨论，讨论过程中不指定谁是领导，也不指定受测者应坐的位置，让受测者自行安排组织，评价者来观测应聘者的组织协调能力、口头表达能力、辩论的说服能力等各方面的能力和素质是否达到拟任岗位的要求，以及自信程度、进取心、情绪稳定性、反应灵活性等个性特点是否符合拟任岗位的团体气氛，由此来综合评价应聘者之间的差别。

6. 评价中心技术

评价中心技术在第二次世界大战后迅速发展起来，它是现代人事测评的一种主要形式，被认为是一种针对高级管理人员的最有效的测评方法。一次完整的评价中心通常需要两三天的时间，对个人的评价是在团体中进行的。被试者组成一个小组，由一组测试人员对其进行包括心理测验、面试、多项情景模拟测验在内的一系列测评，测评结果是在多个测试者系统观察的基础上综合得到的。

评价中心具有较高的信度和效度，得出的结论质量较高，但与其他测评方法相比，评价中心须投入很大的人力、物力，且时间较长，操作难度大，对测试者的要求很高。

三、员工的录用与配置

（一）员工的录用

1. 员工的录用原则

（1）补偿性原则

这是指求职者在招聘测评中成绩高的项目可以补偿成绩低的项目。一般来说，在评价时会对不同项目设置不同的权重，权重越高的项目，其录用价值也越高。但特殊情况下，不能光看总成绩的高低来确定录取结果，而应根据对不同职位的要求，侧重对某一项目的测评，从而确定录取结果。如果成绩高的项目恰是侧重的项目，这样我们就认为成绩低的项目就不重要了，可以录用。补偿原则可以用于选择具有特殊才能的人才，而不至于因总成绩不高被淘汰。

（2）公开性原则

在招考录用过程中，把招考单位、招考的种类、招考的数量、招考的资格等均面向社会公告，公开进行。这样做有两点好处：一是便于使考试录用工作置于社会的公开监督之下，防止不正之风；二是有利于给予社会上人才以公平竞争的机会，达到广招人才的目的。

（3）量才性原则

招聘录用时，必须考虑有关人选的专长，量才录用，做到人尽其才、用其所长、职得其人。

（4）全面性原则

在录用前，应该兼顾德、智、体诸方面，对知识、能力、思想、品德进行全面考核。这是因为劳动者、各类干部的素质，不仅取决于文化程度，还有智力、能力、人格、思想上的差异，而且非智力素质对日后的工作往往起决定作用。

2. 员工录用的程序

（1）背景调查

在经过层层筛选测试之后，一般还需要对应聘者所提交的个人材料及其在面试中所谈到的信息的真实性以及出现信息遗漏或不清楚、不明确的内容进行查证。一般我们将这一做法称为背景调查，即人力资源管理部门通过各种正常的、合法的、合理的方法和渠道，对被调查员工的学历、工作经历、教育背景、兴趣、薪资等情况进行调查，并对获得的信息与被调查者所提供的应聘简历、面谈介绍以及职位信息进行对比，以成为企业人力资源管理者对员工聘用的参考依据，为人才决策提供重要的证据材料，避免因人员招聘不当而产生经济及技术损失和风险。

（2）健康检查

健康检查是员工录用程序的关键步骤之一，设置这一步骤的主要原因是确定应聘者的身体状况是否能够胜任此项工作。如果没有对应聘者及时进行健康检查，导致应聘者因自身原因出现事故，或公司内部出现大范围传染性病症，则会给公司带来巨大损失。

（3）签订劳动合同

通过以上检查后，企业则可通知被录用者进入公司报到，开始试用期阶段。若在试用阶段，被录用者各项测评结果皆为合格，则可与其签订正式的劳动合同。

（二）员工的配置

1. 员工的配置原则

（1）要素有用

任何资源的利用都需要展现其有价值的一面，这样才能使资源物尽其用，人力资源亦是如此。简单来说，人力资源配置的主要目的就是为公司员工匹配合理的工作岗位，创造良好的条件和环境，让他们能在岗位上发挥自己最大的才能。要素有用原则强调优势定位，一方面，员工要根据自己的兴趣和能力设计职业发展目标；另一方面，管理者也需要明确员工的优劣势，通过一系列的管理安排措施扬长避短，避免优势的发挥受到阻碍。

（2）能级对应

对员工进行配置需要充分了解整体员工的构成和特点，并着力分析人力的投入产出比例，做好能级对应，这样才能避免出现人力资源的不合理分配。承认不同个体之间的能力和水平差异，是为了在使用人力资源时，做到"大才大用、小才小用、各尽所能、人尽其才"，使每一个人所具有的能级水平与所处的层次和岗位的能级要求相对应。

（3）互补增值

互补增值原则是在承认个体多样性和差异性的基础上，在人员分配与安置上扬长避短，增强互补性，使人力资源系统的整体功能得到强化，从而产生"1+1>2"的增值效应。互补增值主要体现在知识互补、气质互补、人格互补、能力互补、性别互补、年龄互补等方面。

2. 员工的空间配置

（1）劳动分工协作

第一，企业劳动分工。企业劳动分工就是指将企业的直接生产工作、管理工作以及服务工作各自分开，保持独立，但还要保持各局部劳动之间的联系。一般来说，企业劳动分工可分为以下三种形式。

① 职能分工。职能分工就是将企业员工按照职能进行分类，如工人、技术员、管理员等。职能分工是企业劳动分工中最基本的分工方法。

② 专业分工。专业分工是将企业员工按照专业进行的分类，包含在职能分工的范畴。被进行专业分工的员工按照专业特点可分为设计人员、工艺人员、计划人员、财会人员、统计人员等。

③ 技术分工。技术分工指的是将企业员工按照业务能力和专业水平进行分类。被进行技术分工技术人员可分为助理工程师、工程师、高级工程师、助理技术员、技术员等。

第二，企业劳动协作。企业劳动协作就是将各方面、各环节的劳动组织起来，相互配合、协同劳动的形式。作业组是企业中最基本的协作形式，这是一种以劳动分工为基础，将与某项工作有关的人员组织在一起的劳动集体。

(2) 任务指派

任务指派是指企业在劳动组织过程中,对员工进行相应任务有效配置的方法,其中匈牙利法最为著名。利用匈牙利法来解决员工指派问题时,通常需要考虑两方面的因素:一是完成任务需要的人数以及企业现有员工的人数;二是求解的最小化问题,如成本最小化、时间最小化等。

第二节　制订专业的员工培训与开发方案

随着科学技术的发展,我国经济高速增长,而国家经济增长和社会进步的一个重要因素就是人力资源的开发和培训。企业是人才培训与开发的基地,企业的人力资源培训和开发的有效性对国家发展有重要作用。本节分为人力资源培训与开发概述,人力资源培训与开发的技术及策略,核心人力资源培养、开发的策略三部分。

一、人力资源培训与开发概述

(一) 人才员工的培训措施

在正规且各方面制度都很完善的企业中,培训部门是必不可少的一环。从三个方面来简单分析培训部门的重要性。首先,就新入职的员工来讲,培训是最直观、最有效的了解企业的方式,新员工可以学习到企业文化以及本职工作内容,可以更快速地了解认识企业。其次,就老员工而言,定期培训可以及时了解企业的最新动态,方便及时调整自己的工作计划以更加适应企业的发展,更加有利于发现自己平时工作上的一些不足,从而做到更好。最后,对企业来说,培训部门是保证企业在人员流动的情况下仍能向企业输送各方面都比较优秀的员工来确保企业的运行。因此在企业人才生物链中培训是不可缺少的一环。

企业在做培训时也要注意方式方法。内容上可以大概分为对企业文化的培训以及相关工作职能的培训。方法上可以采用以老带新的形式,平级之间在交流上会更加真实一些，也是使新员工快速适应新环境的一个好方法，对企业可以产生一定的归属感。总之，方式多种多样，主要目的还是能够将人才生物链更完善地运行下去。

1. 发挥员工优势

"尺有所短，寸有所长"，每个人都会有自己擅长的领域。而企业在对员工进行培训时，发现每位员工的闪光点及其适合的岗位是重中之重的。有适合做技术的，有适合做文案的，有适合做市场的，等等。而企业要做的便是发现员工所擅长的领域，然后将他们整合在一起，便做成了一个"没有短板的木桶"，各司其职来保证企业的运转。如此形成的人才生物链才是最坚固的。

在进行人才整合时，也是最为广泛应用的分组模式。在进行分组时也要注意以下几点：一是整体年龄段最好保持在老中青，有老的经验、中的稳妥、青的创新；二是要有一名有管理能力的人来担任组长，员工之间的团建也与之密不可分；三是互相的技能互补，高能型小队。偌大的一个企业便是由一个个小部门组合起来的，小部门都强大了，企业的发展自然不需再言语了。

2. 健全培训机制

在员工培训前，一定要建立健全员工培训机制，企业要坚持把人才培训摆在企业优先发展的战略地位来考虑。组织相关部门健全员工协调管理机制和制订详细的员工培训计划，采取多重手段和方式，培养更多的人才，尤其是企业经营管理人才和专业技术型人才。采取"请进来，走出去"的办法，聘请专家和有关技术人员对员工进行培训，针对员工的特点和工作难题，有针对性地进行培训。

此外，要为人才的脱颖而出创造条件，给予人才适当的待遇。培养人才要德才并举，要培养人才忠于公司、艰苦创业的斗志和无私奉献的精神，还要提高人才的专业知识和技能，在实践中增长才干，提高人才处理繁杂事务的能力。

3. 树立正确观念

人才资源对企业而言是第一资源，企业要以培养高素质、高技术人才为首要目标，企业要为各个人才提供施展才能的空间，这样才能发挥人才的作用，才能激发人才的创造力和实践能力。

企业的发展既离不开企业的管理,也离不开人才的培养,要想做好人才培养就要坚持以人为本的经济特征。企业在经营管理的过程中,要以企业人才为出发点,在管理的过程中培养激发人的创造性和主动性,这样才能使企业和员工共同成长与发展。

一个企业要想长远的发展,就要有长久的建设理念,并且要培养更多的优秀人才。企业不要为了某个项目才培养人才,企业要有长远的目光,要做好长期培养人才的计划。如果一个企业人才流动快,就要做好长期的人才储备工作,为企业长期持续发展提供更多的人才优势。

在选拔人才时,要拥有伯乐的眼光,找出适合企业发展的"千里马",要采取优胜劣汰的方法进行人才筛选,在筛选人才时要识别出真正利于公司长远发展的人才。

4. 优化人才结构

企业作为一种组织形态,其发展的成本核算、人才培养等活动都不能离开人力资源,在一个企业中要让各种人才自由成长,因为人才的标准不是整齐划一的,并且每个人的性格、能力都是形形色色的,所以人才的"绽放"也是存在差异的。

人才结构是指人才整体的各个要素之间的组合联系方式,包括要素的配置、数量和作用等。人才整体可以指向两种群体,一方面可以指向人才个体,另一方面可以指向人才群体。人才个体是由各种要素联系形成的整体,多个人才个体组合而成的整体就是人才群体。

现在大多数企业存在两个问题,一是人才层次结构划分不够合理;二是专业划分不够合理。为了解决这两个问题就需要优化人才结构。人才结构优化要根据企业发展目标和实际任务出发,建立一个理想的人才群体结构,不但要认识人才群体的特点,还要把握人才群体的变化,这样才能更好地发挥人才群体的作用。

(二) 人才员工的开发

1. 避免创造性人才的流失

人才对企业来讲是一种特殊的资源,当人才无法被公司持续利用时,那么一定会向负面发展，并且会成为企业内部资源的浪费，当该人才选择离开该企业时，那么该人才则会成为企业的竞争者，如果出现这种情况，对于企业来说之前所有投资都失去了意义。

为了避免发生这种情况，企业应该合理利用人才、保留人才，这才是实现职业生涯规划双创化的有效途径。若让人才创新力得以释放，那么企业就要增加内部创客的空间和环节，这样才能充分使人才发挥极致。

人才对企业来说是非常宝贵的，可以说人才是一个企业发展的源头。现如今在纸上书写职业规划是无法吸引到创新人才的。创新人才的职业发展史是真真切切通过实际工作中创造出来的，并非规划而来的。从心理学的角度出发，人的创新能力的发展有赖于良好的心理素质。无法想象出一个人没有远大理想，缺乏意志力、热情，并且性格懦弱的人具有很高的创新能力。企业可以根据创新人才的特点，为他们创造一个平台，在这个平台中，可以让创新人才发挥自己的优点，实现自我价值，为企业的发展做出贡献。

2. 树立人才观

（1）人才的含义

人才的代表性定义有以下几点。

① 人才是指有才识学问的人，德才兼备的人。

② 人才是指在实践当中，对人的主观智能进行创造性的运用，并产生了卓有成效的人。

③ 人才是指在一定的社会条件下，具有超常水平且对社会有价值的具有知识、技能、意志的人。

④ 人才是指在一定社会条件下，能够通过创造性劳动，不仅能对社会发展做出贡献，还能对人类的进步做出贡献的人。

⑤ 在一定的社会历史条件下，人才一方面指在认识世界的过程中，展开创造性劳动的人；另一方面指在改造世界的过程中，展开创造性劳动的人。

⑥ 人才是指通过创造性劳动对社会发展和人类做出贡献的人，同时，也可以说是在某一领域、某一行业，以及在某一工作方面做出较大贡献的人。

⑦ 人才，不只单单是指脑力劳动者，在体力劳动者当中也有人才的存在，

同时，在无学历、无文凭的人员中，人才也是存在的。可以说，只要是具有丰富的知识，具有高强本领，以及对社会的进步有贡献的人，均可能成为人才。

⑧人才是指在各种社会实践活动中，那些既具有一定的专门知识，又具有较高的技术和较强的能力的人，同时，这些人还能够通过自己的创造性劳动，一方面，对认识、改造自然和社会做出贡献；另一方面，为人类进步做出贡献。

（2）树立正确的人才观

个人要明确自己的价值，要有正确的价值观就需要做到以下几点：

①无论身处任何一个职业，都要明确自身的价值，贡献自己的一份力量。无论每个人身处什么工作岗位都要明确自己的价值，能够为企业带来哪些贡献。

②个人的价值贡献不能以自己为中心，要为他人、企业服务，并且要明确企业的核心目标，心中要有一把衡量的标尺。

③努力，努力，不断努力，用极致的方式取得不可思议的业绩，只有这样，才能取得更好的发展。

3. 培养创新型人才

（1）创新型人才的特征

创新型人才是指具有较强的创新精神和创新能力，对社会所产生的创造价值、对人类社会进步做出的贡献等方面体现出超群或超常状态和结果的德才兼备的人才。具体而言，创新型人才具有几个特征。第一，有很强的好奇心的同时，还有着强烈的求知欲望。第二，具有良好的道德修养，能够与他人合作或共处。第三，有很强的自我学习能力的同时，还有着很强的探索能力。第四，在某一领域或某一方面拥有广博而扎实的知识，有较高的专业水平。第五，既有一个健康的体魄，还有着一个良好的心理素质，同时，还能承担艰苦的工作。

创新型人才需要具备健全的人格、完备的智能和健康的身心三方面的基本要素。首先，创新型人才既具有为真理献身的精神，还要具有良好的科学道德。其次，创新型人才一方面是人类优秀文化遗产的继承者，还是未来科学家的培育者；另一方面，创新型人才除了是最新科学成果的创造者，还是最新科学成果的传播者。

此外，创新型人才应具备创新性素质和创新性才能（创新力）。其中创新性素质主要包括敏感性、流畅性、灵活性和独立性，以及好奇心、求异心、自尊心、进取心和恒心等。创新性才能包括创新性思维和创新技法等，真正的创新性才能一定具有独创性和实用性两大特征，它包括基本能力（观察能力、记忆能力，以及一般思维能力等）、创新性思维能力和实践能力。

（2）培养良好的创新习惯

当今时代，竞争靠的是智慧，而不仅仅是汗水，通过智慧可以创造机会，并使人成功。先要养成创新的习惯。其实，人生的定律原本就如逆水行舟，不进则退。一个良好的创新习惯的养成有赖于以下精神的培养。

① 培养顽强精神。创新成果的获取有赖于百折不挠的毅力、超强的抗压能力和意识。

② 培养进取精神。强烈的、永不休止的进取精神就是勇于接受挑战，它包括了强烈的革新意识、成就意识，以及强烈的开拓意识和竞争意识，可以说，进取精神是个人成功的最大动力。

③ 培养首创精神。首创是创新的重要本质特征。首创的成果对人类社会的贡献，通常是巨大且带有开创性的，同时，还有着深远的意义和充满无限机会的，甚至有的贡献直接推动了社会的历史性变革。

④ 培养探索精神。人们在探索欲望的过程中，除了表现为强烈的好奇心，还表现为对真理执着的追求。在这一过程中也会产生强烈的求知欲，而顽强的毅力和拼搏精神正是支持求知欲得以实现的重要因素。

⑤ 培养怀疑精神。怀疑的意识，不仅是科学精神的起点，还是创新的起点。怀疑精神的反面是轻信和盲从。人们只有具有怀疑意识，才能展开独立的判断和思考，同时，排除轻信和盲从，只有这样才能不断接近科学的理性。

（3）树立良好的创新理念

① 树立独立与自主意识。创新能力是个人能力的最高境界，而勇于思考和善于思考是提高创新素质的基本要求。创新讲究的是独一无二，而不是模仿、雷同。因此，培养创新意识，就要注意培养独立意识。独立意识包括独立的人格，独立获取知识，独立钻研问题，独立思考问题，不完全依赖他人，不盲从别人等方面。创新还是对现实的超越，它是创新主体性的最高表现，因此培养自主意识

十分重要。

② 树立成功信念。信念除了是事业成功的立脚点，还是成功的思想基础。在通往成功、实现远大目标的路上，人们总是会遇到很多困难坎坷，这意味着成功者必须具有克服困难的勇气和能够再继续坚持的毅力。

③ 树立合作理念。合作是指两个或两个以上的个体，为完成一个共同目标，在自愿的前提下，结合在一起，在不断相互配合和协调的过程中，为实现共同目标而不断努力，最终，获得了个人利益，也能得到满足的社交活动。

企业发展到今天，要进行创新，只靠个人奋斗显然是不够的，甚至于靠把个体智慧集中起来的小集体也已经不够用了，人们必须学会以合作诚恳的态度与组织内其他成员相互协作，有意识地培养自己及组织成员的团结协作意识。

④ 树立风险意识。有些人把创新看得很神秘，对创新具有恐惧心理。其实创新并不神秘，人人都具有创新能力，需要我们正确看待它。创新是在走一条前人没有走过的路，在这一过程中难免会遇到困难，遭受挫折。因此，人要想有所创新，除了要具有风险意识，还要具有冒险精神，不仅要有克服困难的勇气，还要具有百折不挠的意志。

（三）人力资源培训与开发的重要性

培训是使人获得有助于实现组织目标能力的过程。培训的内容主要是岗位需求的劳动技能，主要目的是将一般水平的人通过培训以适应相应的岗位需求。人力资源培训的目的是使受训对象习得在工作中需要的知识和工作技能。对于管理人员来说，就是获得如何管理日常工作的能力。

开发是指提高工作能力以外的能力。工作单位和员工个人都能从开发中受益，但是企业人力资源的开发是针对职员的开发，采取比较有效的手段对具有岗位需求能力的职员进行能力的挖掘，从而提高职员的整体素质。人力资源的开发要保证职员能力的最大化利用。实现人力资源质量的提升和资源结构的优化，使企业获得最好的经济效益。

企业的培训能够帮助新职员学习需要的工作技能，或是帮助老职员提高已经掌握的工作技能。培训与开发能够提高企业职员的工作积极性，激发他们的工作活力和创造力，从而促进企业的发展，提高企业的竞争力。

培训与开发是创造智力资本的手段。智力资本包括完成工作的基本技能，与人共享知识和技能及信息沟通能力，在工作中的理解和创意及拓展。因此，培训与开发能够提高员工个体的工作能力，激发其潜在能力，同时对提高企业竞争力有所帮助。对企业人力资源和人力资源管理特征有充分的认识和了解，对提高企业综合竞争力有重要作用。

1. 增强企业核心竞争力

企业人力资源培训与开发能够增强企业核心竞争力，促进企业发展。企业的声誉和生源会受企业实力的影响。企业人力资源培训与开发能够为工作创造良好的环境，提升企业综合实力。企业人力资源管理能够提高职员的工作积极性，激发其创造性，从而提升工作效率。同时，企业人力资源培训与开发能够培养和谐的人事关系，形成良好的人文环境。人文环境作为一种文化氛围能够潜移默化地影响企业的工作质量和综合实力。良好的人文环境能使人事关系更加和谐稳定，形成人尽其才的良好局面，吸引更多人才加入其中。

2. 职员自我发展与提升的需要

加强企业人力资源管理是企业职员自我发展与提升的需要。企业建设是企业发展的首要任务，是职员队伍建设的企业发展的中心环节。加强企业人力资源管理与开发，规划并指导企业职员职业生涯发展，关注并积极满足企业职员的发展需求，为其创造良好的工作环境和工作氛围，帮助他们发展自身能力，提升自身素质，促进企业的长远发展。同时，企业发展水平、企业综合能力的提高能够为职员的发展提供更为完善的环境。

因此，要加强企业人力资源管理与开发，实现人力资源的合理配置，确保企业工作的中心位置，充分调动职员的工作积极性，提升其创造力，建设一支高水平、高素质的职员队伍，为企业的发展打下良好基础。

3. 人事管理现状的需要

加强企业人力资源管理是企业目前的人事管理现状的需要。我国企业现在施行的人事制度存在一些弊端，这些弊端已经成为企业发展进程中的绊脚石，阻碍了企业的发展。在传统的管理模式中，人才不被当作人力资源来看待。企业使用规章制度对职员提出硬性要求，使用薪资待遇激发他们的工作积极性。

这种模式不是将职员作为企业管理的主体。当今时代的管理模式遵循以人为本的理念，将职员作为企业管理的主体，将人才视为人力资源进行开发，由人事管理转变为人力资源管理，也就是柔性管理。它能更加充分调动人的工作积极性和创造性。

4. 战略发展的需要

加强企业人力资源管理是企业战略发展的需要。企业是人才培养和知识创新的主体和重要场所，在国家经济发展、科技发展和文化发展中具有重要作用。它既需要吸纳人才实现自身发展，又需要培养人才。企业中聚集着大量的人才，这是企业特有的优势。要将这一优势的潜能充分发挥出来，需要使用科学的理念和方法对企业人力资源进行管理和开发。在当今社会，如何使人才发挥出最大潜能，提高企业职员的工作积极性，培养社会发展需要的人才，是企业人力资源管理者需要考虑的重点问题。

（四）人力资源培训与开发原则

1. 从培养兴趣入手，系统化培训

系统的人力资源培训与开发应将兴趣作为切入点，从培养兴趣着手。这种观点认为在人力资源培训与开发中要重点培养受训人的兴趣，以此引起他们的关注。在培训中，可以以受训人已经掌握的知识或技能为中心，围绕其展开系统化的培训。这一方法具有普遍适用性，能够灵活应用于人力资源开发中的各个阶段，对任何对象也都适用。

这一观点是赫尔巴特提出的，赫尔巴特认为，只有感兴趣的东西，才能在学习中迅速掌握。

2. 从事实出发，顺应自然

在进行人力资源培训时应遵循顺应自然的原则，从实际出发。人力资源培训与开发应建立在日常管理的基础上，着眼于被开发者日常的所见所闻中的实际现

象,对待被开发者的培训应该顺其自然,使他们自然而然地掌握培训知识。

遵循顺应自然这一原则的实用性应该在人力资源开发和培训的初始阶段。这个初始阶段就是培训和开发最初一些理念与技能的形成阶段,比较常见的就是培训师向新职员讲授教学理念和教学方法。这一原则是夸美纽斯提出的,并发展成为人力资源培训的依据。

因此,对于人力资源的培训和开发的法则需要从自然中获得,必须顺应自然。自然法则是由易到难的,培训也是如此。自然事情都是不需要强迫的,鸟出笼、水下流都是自然而然的,培训也需要顺应自然,在自然中激发被开发者的求知欲望。

3. 在活动与疑问中进行

应在活动与疑问中进行人力资源的培训与开发。人力资源培训与开发是一个实践的过程。在这个实践的过程中,培训者不光要向受训人讲授书本上的理论知识,还要想办法将教材知识变成实际能力。在人力资源开发和培训的时候要意识到知识和技能是学不完的,是无穷尽的,需要在培训中养成良好的思维习惯,并在实际中具有创造性的思维应用,单纯的知识和技能累计达不到开发的目的。

这种原则对于技能和智力的开发实用性较强。这个开发原则是杜威提出的,杜威认为,思维的来源是疑难,疑难来源于实践,实践促进思维的产生。这一观点在具体实施时要分以下五个步骤进行。

① 安排培训活动时要选择被开发者感兴趣的活动,让被开发者处于一种十分有利的经验的情境。

② 安排一个比较真实的问题在情境内部,以便刺激被开发者的思维。

③ 提前安排被开发者知识储备,以便解决后来遭遇的难题。

④ 要敦促被开发者积极地解决问题,负起责任。

⑤ 制造机会,给予被开发者思维地进行实际检验。

4. 使用典型案例

在进行人力资源培训与开发时要使用具体的、有代表性的典型案例。这个原则认为,人类的知识用之不尽,取之不竭,但总有小部分知识作为关键力量推动事物的发展,甚至可以说80%的知识需要20%的精华来支撑。精选知识的本质因素和基础因素就是人力资源的典型，这些典型因素是资源培训和开发需要掌握的重点，一旦重点掌握，就会达到事半功倍的效果。

因此，在进行人力资源培训与开发时要对培训和开发的内容有所选择，选择精华的部分，去除无用的部分。这些知识要坚持由表及里、推此及彼的原则；人力资源开发和培训要保持最真的本色，找到关键因素，联系实际，帮助开发和培训的对象能够正确、全面地认识知识和技能。要充分利用案例的引导和基础性作用，在培训和开发的时候最大限度发挥他们的作用。

5. 以"最近发展区"为依据

在进行人力资源培训与开发时要将"最近发展区"作为依据。以"最近发展区"为依据的观点认为，在有一定的知识和经验的基础上，知识和经验的形成速度比较慢，不适应现在信息化急速发展的社会资源开发。该原则比较倾向于利用先进手段解决问题的水平和独立解决问题水平间的差异。

综合最好的开发模式以此获得培训和开发对象的最大发展。以"最近发展区"为依据的观点是赞可夫提出的。赞可夫认为企业的发展要领先于职员的发展水平，其思想引申到人力资源培训与开发中就产生了以"最近发展区"为依据的观点。在工作技能、工作能力和思想品德方面的开发培训与开发中应用这一观点的效果较好。

二、人力资源培训与开发的技术及策略

（一）人力资源培训与开发的主要环节

1. 人力资源培训与开发的准备阶段

普通人力资源培训与开发准备阶段的工作也适用于企业人力资源培训与开发的准备阶段，分为分析培训与开发需求和确立培训与开发目标两个部分。企业的人力资源培训与开发的准备阶段要根据企业的发展状况和发展需求准备相应的内容。

（1）分析企业人力资源的培训与开发需求

在人力资源培训和开发工作前，要对本单位人才数量、质量和结构等基本情

况进行深入调查，同时要结合本单位的实际现状和近年的发展要求对人才资源进行调查与统计，结合统计结果，制定符合企业发展的规划及人才预测。这些都是为了确保人力资源的培训和开发能够有着坚实、可靠的基石。

（2）确立企业人力资源培训与开发的目标

人力资源培训和开发总目标的确定，需要满足企业人力资源管理需求，也是培养社会需要的人才的需求。企业人力资源的结构应该具有良好的文化素养，并具有奉献和敬业精神，在理论和实践中不断发展教育能力和研究能力。

企业人力资源培训与开发的总体目标，既要保证企业人力资源对专业性知识和技能的掌握，还要提高他们对社会的理解，从而对自身实践进行思考，强化竞争意识，同时树立合作意识。企业人力资源培训与开发的目标是在企业人力资源培训与管理工作中，加强制度化和法制化建设，使企业人力资源培训与开发的组织体系和管理体系更加完善、科学，提高职员的业务能力。

2. 人力资源培训与开发的实施阶段

在人力资源培训与开发的实施阶段需要制订企业人力资源培训与开发的具体计划。制订计划时要考虑如何使受训人在实际工作中应用到在培训开发中学习到的内容，这是企业人力资源培训与开发工作的工作重点。人力资源参加培训，除了补充岗位所需知识，更需要通过培训，开发自身潜力，实现学以致用。培训者在培训与开发的工作实施进程中要强化受训人的专业知识、工作能力，培养其职业素养和创造性，提升其工作能力和学习能力。

（1）注意方法的选择

一般来说，人力资源培训与开发的方法很多，但是在实际选择中要根据企业人力资源管理的特殊性恰当地选择，而不能任意选择。在企业的人力资源培训和开发中，以下是几种合适的方法。

① 反思式培训。企业人力资源培训与开发工作开展的主要目的就是对相关人员进行分类培训后，使他们具有更加适应现代社会的能力和学习能力，并且具有批判能力和反思精神。因此，在培训时要锻炼受训人的判断力，使其对观念、资料、现象及行为等有自己的判断，并要提出相应的改革措施。培训中对培训对象的思想和实践都要进行培训，并且要时时对培训对象进行培训考察，要求其进

行知识回顾和总结，使他们在不断的知识总结中改进思想观念和实践办法。

②研讨式培训。参加培训的企业人力资源更热衷于彼此间的平等性互动学习。这些高层次人员在实践经验和专业知识方面都有自己的认识，彼此间进行工作分享和经验交流是十分有必要的。而且在一般情况下，相互知识进行交流后，会得出更高层次的知识结论，成为工作中的资源分享。在企业人力资源培训中，培训员的角色扮演十分重要，他们要成为引导者和激发者，而不是灌输者和控制者。

③针对式培训。在教学活动中，因材施教始终是一个重要的原则，有着重要的实践价值。因材施教，首先要对受训人分层，针对每个层次使用不同的培训方法。一般来讲，普通层次的培训方法以教授和谈论为主，自学和辅导为辅；对高层次来说，培训方法主要是工作研究，同时将总结和考察作为辅助方式。其次是使用课外辅导的方式强化受训人的薄弱环节。就培训方法而言，培训方法的运用可以结合现代科技手段实施。

一是讲座。讲座是人力资源培训与开发中最普遍的培训方法，具有简单方便、速度快、成本低廉的特点。它是一种综合性的培训方案，可以利用集中时间向受训人讲授专业知识、工作技能、行业信息等。

二是视听技术运用。这种培训方法结合视频、投影等现代多媒体技术使培训内容更具有吸引力，激发受训人的学习兴趣。现代多媒体技术清晰度高，趣味性强，能够使受训人更容易掌握培训内容。这种培训方法具有生动性、灵活性和现代性的特点，受训人较多时适合使用此方法。

三是网络讲座。这种方法是使用因特网或者局域网教学，具有效率高、方便灵活、成本低廉、交互性强、可控性强的特点。它能够模拟情境，使培训内容更加真实新颖。

四是案例学习。这种方法需要分析具体案例，通过比较、判断、推理、评价得出结果。培训时使用的案例真实且多样，能够激发受训人的创造性。这种方法对受训人的知识储备和分析能力有一定的要求。

（2）注重途径的选择

以下是企业人力资源培训与开发的两种途径。

① 任职培训。任职培训主要指针对企业聘用的新员工实行的短期培训。短期培训的主要目的在于帮助他们更快地适应新岗位。职员岗前培训、干部任职培训等也都属于任职培训。

② 在职培训。在职培训的对象是在职工作的职员，这是聘任培训后的一种培训，提高在职员工的专业知识和教学能力是在职培训的主要目的。在职培训就是我们常说的"充电"。根据不同人员个性和工作性质进行分类培训，便于适应企业的各种变化要求。

（3）注重资金的投入

企业人力资源的投资主要在培训和开发中针对职员智力和体力的保护与开发的投资。通过对人力资源的培训和教育，保护职员智力和体力的同时，又进行了智力和体力的开发；人力资源培训不仅使教职工个体的需要得到满足，同时也能调动职员对工作的热情和积极性。人力资源开发投资需要树立全局性的观点，要坚持整体发展的观点对服务人员和管理人员同时期进行开发，避免出现"跛腿"的现象。当然，在人力资源开发时要将职员作为主体、管理和服务人员作为客体，从整体上提升职员的工作能力。

3. 人力资源培训与开发的评估阶段

企业人力资源培训评估的指标较多，涉及人力资源管理的各方面。除了常见指标外，评估指标还包括受训人的观念与培训目标是否一致。企业人力资源的培训和开发的质量与标准的提高需要培训评估的不断推进。企业人力资源在培训和开发上有四个层次的划分。

一是反应层。在培训结束后要积极考察受训人员的反应。

二是学习层。指受训人员在培训中对培训知识的掌握程度。

三是行为层。培训结束后，查看职员的行为变化，判断培训知识对实践工作的影响。

四是结果层。对比培训前后，了解教学和研究等方面的情况。

评估人员的组成要有多样性的特点，可以包括培训专家、受训人等，这样能够确保评估角度的多样性。评估对象一般是培训的项目和对象，或培训过程中的各方面；评估方式可以是问卷、考核和探讨等；评估的范围可以设计培训的前后及过程，可以微观和宏观结合性评论。评估的结果会影响到下一次的培训改革。

(二) 培训评估体系的建立

1. 培训评估体系的建立原则

职员培训评估体系的建立是为了让职员培训变得更加科学、有效。为了达到这一目的，评估体系的建立应遵循以下几个原则。

（1）系统、科学性

企业培训评估应依照政府部门的相关指令、政策和企业职员发展的需要，结合企业实际情况，选择适用的标准和有效的方法，制定科学合理的评估方案，力求充分全面地反映企业职员培训工作的实际效果和质量。

（2）定量、可操作性

培训评估的指标应相对量化。指标若较为烦琐，则不便于在实际操作过程中的比较与分析；指标若过于简单，则会影响整个评估体系的有效性。因此，评判职员培训成果的指标既要有比较分析的价值，又要考虑其方便性、可操作性。

（3）可行、实用性

培训评估指标的设计应客观地反映出培训的开展情况：第一，指标可反映出职员培训前后的变化和还存在的差距，以便更好地完善自己；第二，指标可为政府部门、企业了解职员培训动态和科学决策提供依据。

（4）可比、准确性

所设计出的评估体系应具有可比较性。将结果进行纵、横向的比较，既可以了解职员个体之间的差异性，又可知道每个职员在培训中的变化成长。而在比较中，一些不确定因素应被剔除，力求保证评估数据的可靠性。

2. 培训评估体系的建立模式

这里主要有两种关于培训评估模式的理论：柯式模型和 CIPP 模型。这两种模型虽侧重于从不同方面去考察培训的有效性，但都构建出了一个可贯穿培训全过程的培训评估体系。

（1）柯式模型

柯式模型是柯克帕特里克（Donald Kirkpatrick）在 1959 年的研究中提出的。

这一模式主要侧重于培训结果的评估，将培训分为四个层次。对于企业职员培训来说，为以下几个层次。

① 反应层次。这一最低层次的评估主要针对受培训职员对于培训项目的看法与感受，包括培训课程的设计、培训方式、培训者、培训时间场地的安排等。

② 学习层次。其评估主要是对职员所学知识和技能的评估。

③ 行为层次。评估是通过领导和同事的反馈，了解受培训职员经过培训后在行为上的改变，是否可以将培训中所学的知识和技能在实际工作中得到运用。

④ 结果层次。这一层次的评估主要针对个人或组织业绩实际提高的程度而言。

综合这两种培训评估模式，可以除了考察培训项目给职员所带来的影响和改变，还可以贯穿整个职员培训过程，了解职员培训进展情况、培训项目开展情况，并及时依照反馈对培训项目进行调整。可以说，CIPP 模型重视整个培训过程的评估，而柯式模型又是 CIPP 模型结果层面的具体化。

（2）CIPP 模型

CIPP 模型是由斯塔弗乌比姆（Daniel Stufflebeam）及其同事提出的，主要包括四个部分：背景（Context）、输入（Input）、过程（Process）和成果（Product）。

该模型侧重于整个培训过程的评估，主要说明了评估的目的是改进培训项目，了解职员培训进展，利于企业职员培训长期可持续性的开展。

① 背景评估。主要包括对于企业环境的了解，分析企业、企业部门、职员自身的需求及期望，制定出更为贴切完善的培训课程及目标。

② 输入评估。主要评估培训的资源和项目情况，看培训是否可以达到预期目标，是否有效利用了培训资源，等等。

③ 过程评估。在培训过程中，对职员进行评估，所得到的反馈信息可帮助培训实施者改进和完善后续的培训过程。

④ 成果评估。针对培训结果进行评估，包括受培训职员满意度、知识和技能的增加、行为的改善以及个人和组织绩效的提高。

三、核心人力资源培养、开发的策略

(一) 企业管理人员培训与开发的对象和内容

管理人员可以分为基层管理人员、中层管理人员和高层管理人员。三个层次的管理人员培训与开发的目的都是提高自身能力素质,使其更好地完成岗位职责,提高管理水平。

1. 培训与开发的对象

(1) 基层管理人员的培训与开发

基层管理人员工作在管理工作的第一线。基层管理人员的工作对专业技术、沟通能力和与人相处的能力有所要求。因此,针对基层管理人员的培训与开发应从专业技术、管理知识和职业道德等方面展开。

(2) 中层管理人员的培训与开发

中层管理人员是企业管理人员中的中流砥柱,担负着承上启下的管理责任。一般情况下,中层管理人员由部门负责人担任,他们需要具备良好的交流沟通能力、协调各方问题的能力和判断决策能力。因此,针对中层管理人员的培训与开发要从多方面着手。

(3) 高层管理人员的培训与开发

高层管理人员就是企业的最高领导层,一般指总经理。高层管理人员是企业的决策者,同时也是企业的经营管理者。由于他们的地位十分重要,他们对企业的影响也是十分重大的。高层管理人员要统筹全局,协调各方关系,解决企业发展中出现的问题,因此高层管理人员培训与开发特别重要。

2. 培训与开发的内容

管理人员培训与开发的内容可以分为品性、能力和知识三部分。每一部分又可以详细分为很多因素。三个层次的管理人员的培训与开发的内容不尽相同,管理人员培训与开发的内容如表 3-2 所示。

表 3-2　管理人员培训与开发的内容

内容层次	品性	能力	知识
高层	观念更新、思想更新、工作方法更新	决策科学化国家政策，同行竞争	对手信息
中层	对待领导的态度、对待下属的态度、对待改革的态度、对待组织的态度	树立乐于为组织服务的正确价值观与态度、理解把握创新能力	组织实施能力，组织内外的政策、法规与现代化管理知识
基层	对待领导的态度、对待群众的态度、对待改革的态度、对待组织的态度	树立充分体现组织与领导的先进的思想能力、操作实施能力、理解把握能力	解决实际矛盾与问题的技能、技巧，组织内外的新知识、新政策、新法规

（二）企业管理人员培训与开发的方法

1. 在职培训

在职培训是指在岗位实践中进行的实战培训，包括以下几种方式。

（1）辅导实习方法

辅导实习方法指前任即将离任，他的工作将由受训人取代，前任与受训人共同工作，并为受训人提供必要的工作指导。在这种方法下，管理职位出现空缺后企业能够马上找到适合的人才填补空缺，同时使管理人员的培养具有连续性。

（2）工作轮换

工作轮换是企业管理人员培训与开发的重要方法。管理人员在不同部门之间轮换工作，了解并学习企业各个部门的职能和工作内容，如企业管理、人力资源管理、后勤管理等工作，从而使管理人员在工作中树立全局意识。

实行工作轮换时，受训人可以到其他部门实习，也可以实际加入其他部门的工作。这种方式除了能够使管理人员了解企业各个部门的工作，还可以在工作轮换中发现受训人的优势和长处，测试他们适合做哪种类型的工作。

实行工作轮换前要制订具体的实施计划。计划的制订要有针对性，要充分考虑每个受训人的兴趣爱好和能力优势，然后制订不同的工作轮换计划。工作轮换的标准不能是一个统一的硬性标准，要根据受训工作时间的长短和学习进度考虑。培训人需要具备一定的专业能力，能够为受训人提供及时的指导。

（3）行动学习

行动学习是指让受训者将全部时间用于分析和解决其他部门而非本部门问题的一种培训技术。这种培训方法能够使受训者换位思考。如果受训者长时间从事同一种工作，不了解其他部门的工作以及各个部门之间的协调关系，那么实行这种方式就十分必要了。这种方法能够破除受训人将自己所在的部门作为中心的观念，使其建立起整体意识。

目前，企业很有必要实行这种培训方式，国家开展的企业工作质量评估是将企业作为一个整体进行评估，这就要求企业的管理人员要有全局观念，能够换位思考。行动学习培训法要求将受训人分为4~5人的小组，每个小组定期开会分享各自的工作成果，讨论工作中遇到的问题。这种方法能够使受训人体验到工作中切实会遇到的问题，提升其解决问题的能力。

2. 岗位培训

岗位培训是针对岗位特点进行情景模拟所进行的培训，有如下几种方式。

（1）管理竞赛

这种方式首先将受训人分组，然后每组借助计算机模拟软件模拟企业的运行情况，最后做出决策进行管理。企业可以使用这种软件为管理人员的培训与开发提供帮助。展开管理竞赛能够激发受训人的竞争意识和学习兴趣，培养受训人的团队合作意识和组织协调能力。

（2）案例研究

这种方式是将企业某一部门存在的管理问题作为案例交给受训者，使其分析案例，找出问题，并与其他受训者一起讨论，提出解决方案。

案例研究法的目的是通过培训者的引导，让受训者切身参与到发现问题、解决问题的工作中。在具体实施时要注意选择案例时要尽量选择受训者所在的部门的案例，培训者要引导受训者表达自己的观点，倾听他人的意见，正确处理自己与他人意见的不同之处。

（3）行为模仿

这种方式是通过播放视频的方式向受训者展示正确的管理方法，然后模拟情境，使受训者在其中扮演角色，模仿正确的管理方法，由培训者做出评价。培训者的评价需要包括正确的管理方式、对受训者的角色扮演的评价、鼓励受训者在实际工作中应用学习到的管理方法。

（4）单位外研修班

一些组织机构会开设单位外研修班，其目的是面向管理人员提供培训开发服务。这些单位外研修班计划包括开办的继续管理人员教育计划、高级管理人员MBA计划等。这些研修班有其针对性和实用性，主要是为管理人员开设的，与企业管理人员培训与开发联系十分紧密。

（5）单位内部开发中心

单位内部开发中心是将企业作为发展平台，让具备一定的能力素质且有发展意愿的管理人员去实践，从而提升他们的管理能力。通常情况下，单位内部开发中心法综合运用课堂教学与评价中心、文件练习、角色扮演等方法提升受训者的管理能力。

第四章　高效能的人力资源绩效与待遇管理

第一节　提高有效的绩效管理

一、绩效管理概述

(一) 绩效管理的概念和内容

1. 绩效管理的概念

"绩效"是大家经常会提起的一个词，每个人对它的理解也可能不一样，而在不同的情况下，"绩效"确实有着不同的解释。首先，我们要对绩效有一个准确且清晰的了解。本章所说的绩效是员工根据自己的知识能力，在工作中为组织团体创造价值或者财富的多少，同时也是对员工在不变的时间段中通过某种方法所得到的某种结果的过程的反映。在人力资源管理中，绩效管理是非常有效且有意义的一种管理方式，它有利于团队的和谐、能促进个人能力的开发，从而提升整体业绩。要做到合理有效的绩效管理，必须要求管理者以及直接主管共同协商，并且在对未来的工作发展中达成共识。

在进行绩效管理时，各位绩效管理者和所有员工都可以一起讨论共同的发展目标，并制订为达到目标可采取的有效计划。在制订计划的过程中，一定要将企业的变化环境考虑进来，所制定出来的目标必须是有利于所有员工发展的，并且必须效劳于组织目标。

2. 绩效管理的内容

对于绩效管理和绩效考核这两个概念，人们常常会将它们视为相同的概念，认为它们之间没有任何的区别。这种想法是错误的，绩效考核其实是包含在绩效管理之内的，是绩效管理的一个核心部分。绩效管理主要由以下四个部分组成：

① 绩效计划；② 绩效跟进；③ 绩效考核；④ 绩效反馈。这四个部分组合在一起才能称得上是一个完整的绩效管理系统。

（1）绩效计划

绩效计划，在开始绩效管理之前，首先要做的就是制订绩效计划。它是由领导和员工共同来制订的，主要就是一起对每名员工在绩效考核期内的绩效目标、绩效过程和绩效手段等进行讨论，直到达成一致。绩效计划并不是在制订完成后就一成不变了，而是会在绩效周期推进的过程中，视具体情况去不断地修改和完善。制订绩效计划要遵守以下的步骤。

① 制订工作说明，确订战略计划。详细地收集、整理和分析与工作有关的重要信息，这一过程就是制订工作说明书。这一过程也是筛选人员和拟定绩效标准的重要前提。由部门使命、与使命相关的对象以及完成目标所需要的战略措施组成的部分，被称为战略计划。

② 拟定绩效标准。这一步骤需要员工参与，合作制定，其具体划分为五个评价等级，以书面形式规定工作需要达到的水平。

③ 观察、反馈。站在绩效管理的角度来看，需要对所有与工作业绩有关的、个别的特殊事件的行为和结果进行观察。这一步骤需要描述并且界定这些行为的范围，为反馈提供最全面的信息，又能提高员工的工作经验和技能，帮助他们增长知识。正确的反馈使员工在提高工作业绩的同时还能掌握新的工作技能。

④ 绩效评价。其是对员工的业绩进行评估、总结、优化的过程。

⑤ 制订绩效开发计划。这一步骤主要目的是促进组织目标、提高全体员工的整体素质。具体方法：增强员工工作技能、知识和工作经验；营造全体学习专业技能的氛围；授权员工在领域内团结一致，共同面对变化，组成团队；帮衬所有员工，让他们的绩效达到甚至超过所制定的目标；采取竞争上岗的工作方式，激励员工。

管理者对绩效管理的基本理念和管理方法越发地看重，现有的绩效管理与原来的绩效评价相比意义就越发重大。

第一，绩效管理如果处理得当，对于冲突的避免是十分有效的。当员工意识到管理者对于绩效的设定是一种帮助他们促进和提升的方式，并不是责备时，会更加愿意接受绩效管理制度，并积极地配合制度实施。

第二，准确、有效的绩效反馈能帮助员工了解未来努力的目标，从而提高自身的综合素质。

第三，能够保障企业实现目标的重要手段就是进行有效的绩效管理。

（2）绩效跟进

绩效跟进主要是指在整个绩效管理期间，让上级和员工进行长期有效的沟通，从而达到预防或解决员工实现绩效时可能发生的各种问题的目的。

（3）绩效考核

绩效考核主要是指在确定了一定的考核主体后，借助科学有效的考核方法，来对员工的工作完成情况、对自己职责的履行情况以及今后可能的发展情况进行评价。

（4）绩效反馈

绩效反馈主要是在绩效管理周期即将结束时进行的，同样是由上级和员工共同以考核面谈的方式进行。面谈完成后，上级会将考核结果如实告诉员工，对于一些仍需改进的地方，上级还会和员工一起制订绩效优化的计划。总的来说，组织绩效管理的目的能否实现，在很大程度上取决于绩效反馈的过程。

（二）绩效管理的目的和作用

1. 绩效管理的目的

企业为了更好地实现生产经营，从而制定相应的标准来判断各部门生产经营人员完成工作业绩的价值，这就是绩效管理。它主要是通过评估员工之前的工作行为和工作业绩，再根据评估得出的结果来激励和引导员工未来的工作行为与工作业绩。

可以说，绩效管理不仅能够管理工作结果，同时还能对员工完成工作目标和达成绩效指标的情况进行不断的督促和激励。良好的绩效管理对企业达成工作目标，实现持续稳定的发展有很大的帮助。

2. 绩效管理的作用

（1）作为员工调整薪酬的依据

绩效管理是针对企业所有员工的，因此在绩效管理的过程中，每名员工都会得到一个相对应的评估结果，企业在为员工发放奖金时，往往都会以这个评估结果作为参考依据，同时以这个评估结果来适当调整员工的薪资水平。之所以能将这一结果当作一个重要依据，主要还是因为这个评估结果是在得到所有员工的认可之后彻底公开的，可见，它的说服力是非常强的。

（2）作为员工调整岗位的依据

绩效管理能够切实做到客观且合理地对每一名员工进行评价，因此，它又可以用作员工职位调整的一个重要依据。这种将员工的绩效管理与调整岗位联系起来的方式，极具公平性和公正性，得到了各级领导和员工的认可。

（3）促进上下级间相互沟通

绩效管理还可以作为调整和完善人事政策的依据，在这一过程中，能够使上下级之间有更多的沟通和交流，有助于他们加深对彼此的了解。

在沟通的过程中，员工和管理者会面对面地去共同讨论绩效管理的结果，领导也会直接指出员工自身存在的优点和不足，对员工需要保持的地方给予充分的肯定，对员工需要优化的地方给出较为中肯的建议，这样领导就能对员工在工作过程中的实际情况和内心想法有一个及时的了解，同样，在沟通的过程中，员工也能够对领导的计划有一定的了解，从而使员工和领导之间更加了解和信任彼此，使今后的工作效率得到进一步提高。

（4）及时准确获取员工工作信息

通过绩效管理，企业管理者能够在对管理结果分析之后，准确地获取员工的工作信息，并能准确地判断出企业的绩效指标、激励政策和工作培训，这样就有助于及时发现政策上存在的一些问题，从而做出相应的调整和优化。

（三）绩效管理的特点

1. 多因性

从多个方面来表现员工的工作行为和工作成果即为绩效管理的多样性，它紧密联系着一个企业的发展战略。人们在企业管理的过程中,所涉及的发展目标往往都是根据企业的发展战略来设计的,这也就使得设计出的发展目标具有多层次、多维度的特点,而员工的工作行为和工作成果就是这些目标落实的最终体现。

2. 动态性

由于企业的战略是多层级的,这也就使得员工绩效是不断变化和发展的,这也就是绩效管理的动态性。从博弈论的角度来看,员工和领导之间还存在着一个博弈关系。这个博弈关系是连续的,员工为了使自己的效益最大化,会根据企业的绩效指标采取适当的工作行为,而企业为了实现发展目标,也会适当地去管理员工的工作行为。由于员工的行为是随时发生变化的,这就需要管理者随时观察员工的行为,从而判断目前的绩效目标是否合适,如果不合适需立刻重新拟定。

3. 系统性

企业通常是根据目标系统来设定绩效的,并且还会从系统性的角度来衡量员工的工作行为和工作成果。人和组织在不同的环境和发展之中所采取的行为都是不一样的,因此,不管是为了实现组织目标还是考察员工行为,都必须系统地去展开。

二、绩效管理的组织与实施

(一)绩效计划

绩效计划,从静态来说,是工作标准和工作指标的协议;从动态来说,是管理者和员工之间就工作目标和标准实现的共鸣,是契约形成的过程。人员绩效计划是在实现高职战略目标的基础上,层层分解,上下级要做好沟通,从而使目标框架加速构成。将目标设定好之后,管理者和员工集体对职位和岗位条件进一步分析,制订有效合理的绩效计划,在周期内,对员工设定明确的绩效水平。

绩效计划的完成需要整体的共同努力,对员工在来年的工作任务、职责及可能遇到的困境进行规划和探究。因此,绩效计划对员工路线的寻找、目标的认清等具有预见性。绩效计划是绩效管理中的基础性环节,是不可或缺的。

（二）绩效辅导

绩效辅导在绩效管理的实施中有着十分重要的价值。它和整个绩效管理中每个过程都有着必然的联系，在绩效管理中绩效指导和绩效沟通是绩效辅导的重要表现。绩效计划制订后，按照计划执行的过程，可能会出现一些实践问题，此时管理者协助员工实施计划并解决途中出现的问题，并及时纠正，对绩效计划根据实际情况进行调整。绩效计划不是固定的，它会随着现实的改变而不断地调整变动，为了保障目标的顺利完成，特别要重视各个关键环节的增强。

在进行绩效管理的同时，管理者应该不断地与员工进行互动，管理者根据反馈进行分析并指导员工实践。这种沟通在比较平等的环境下，管理者和员工为同一个目标共同努力，及时清除障碍，保证绩效的顺利开展。持续的绩效沟通是员工和管理者之间信息共享、问题集体解决、措施共同决定的过程，是一种双向的相互过程。这种交换的沟通能使管理者更好地认识绩效的实际情况，也能帮助员工参与到绩效计划中，两者之间互动，对合理的绩效计划建立有着积极的推动作用，绩效管理需要听取员工实践的信息，促进绩效管理更好地发展。

（三）绩效评估

绩效评估在绩效管理中发挥着重要作用，是组成绩效管理的关键因素，要在一定时间内对员工进行工作方面的考核评价。绩效评估的科学合理性会直接影响绩效管理的成果。在整个绩效管理的体系中，每一个步骤都不能缺少，而且有几个步骤是环环相扣、相得益彰的。

在整个绩效管理体系中，绩效评估是最为重要的组成因素，无论什么人力资源管理项目都脱离不了工作绩效评估。从实际来看，评估活动就是人力资源管理的重要途径，也是保证人力资源管理科学化、规范化的重要部分。

1. 绩效评估的过程

明确绩效目标是在进行绩效评估之前首先要做的事情。若想通过单个评估系统来实现所有功能是非常困难的，这就要求管理层在选择目标时优先选择那些较为重要且现实可行的。例如，一些公司更加注重对员工发展的评估，而有些公司对人事决策更加注重一些。之所以会出现很多绩效评估系统失败的情况，很大一部分原因就是管理层对单一方法抱有过高的期望，同时也没有彻底弄清系统需要实现的目标。

绩效评估过程中经常出现的问题如下。

（1）评估偏见

在评估过程中可能无意识地就造成了评估偏见的结果，但也有的是故意为之。在进行评估时，被评估人员的外在成分很大可能会影响评估人员的判断，如被评估人员的性别、年龄等差别，甚至他之前的工作绩效这些因素，都会直接影响本次的评估结果。这个问题是评估人员主观意识中的偏见所导致的，大多数情况下是很难避免的，只能是在每次评估中做到尽力减轻其影响。

（2）聚中趋势

在评估过程中，评估人员往往会无视被评估者能力的高低，全部将他们划分到接近中等水平的评价，得到的结果较为平均，而且不准确。这是由于评估人员自身的某种思维方向或者出于某种原因，他们会对评估者做出大体平均的评价，这也就导致没有足够好的，也没有太差的。这样的评价方式不能将被评估者的真正能力准确地表现出来，会直接降低绩效考核的意旨，因此在进行考核的时候，评估人员要随时重视这个问题。

（3）晕轮效应

晕轮效应是由于评估者对被评估者的某一特征印象深刻，导致对其评价过高或者过低，如一名员工虽然工作表现非常好，但在其他方面存在着部分问题，而评估者会因为员工平时优异的表现而将他的综合评价分数打得很高，而没有考虑员工其他方面的问题，这种错误就是晕轮效应，得到的误差会很大，因此在考核时，要十分重视这个问题。

在评估过程中，要清楚地认识这些问题，随时当心不要受其影响，对被评估者做出准确客观的评价，使评价结果能够公正，从而建立完善的考核体系，使绩效考核发挥出全部的作用。

（4）对比效应

对比效应，就是评估者将某一位被评估人员与其他人做对比，如果是能力不如他的，则他所得的评价分数会高；如果是比他优秀的，则得到的分数就会很低。如果评估人员不能准确掌握考核标准，就会轻易地受到对比效应的影响，导致得出的评估结果不真实。

2. 绩效评估的方法

① 360度评估反馈法。这是一种评估信息收集的方式，主要是从不同层次人员那里获取一些信息，并从不同的角度评估管理人员以获得一些信息。

② 目标管理法。这一方法指的是在目标系统中，高层管理人员要将第二年的战略目标分化到各级工作人员手里，同时也要明确第二年各级各部门应该达到的目标。

③ 比较法。比较法主要是一种针对评价对象之间的比较，进而得出评价结果的方法，如配对比较法、个体排序法等。

④ 量表法。对目标员工绩效评估的准则和指标进行量化评价，并依次进行评价，这就是量表法，常用的量表法是评价量表法。

⑤ 描述法。通过书面的方式对目标员工的能力、工作态度以及业绩等多方面进行综合性评价，这就是描述法。常用的描述法是关键事件记录法。

（四）绩效面谈

通常情况下，都是在绩效管理的反馈阶段来进行绩效考核指标和标准体系的诊断，诸如书面反馈、面谈反馈等形式都属于绩效反馈，可以说，绩效反馈的形式是多种多样的。从目前的情况来看，绩效面谈是最为受欢迎的绩效反馈方式。在绩效面谈的过程中，评估者需要及时向被评估者传达相关的绩效考核信息，同时还应对其绩效的优点给予肯定，对绩效的不足给出合理的建议和绩效优化方案，这样做对激励被评估者持续优化有非常大的帮助。

在绩效管理实践中，根据面谈目的以及面谈对象的不同，可将绩效反馈面谈分为以下几种形式。

1. 告知方式

对于不适合当前工作的员工，主要使用这种面谈方式。在面谈的过程中，管理者主要是将评估的主要过程和结果以其正确有效的行为与错误无效的行为告诉给这类员工，之后再向他们提出新的工作目标。

2. 告知和聆听方式

这种面谈方式主要是针对工作成熟度和积极性都很高或工作表现突出的上进型员工，同时，这种面谈方式也适合新的绩效目标达成的情况。这种面谈方式与上述告知方式相比，还多了一个聆听的方式，也就是说，管理者将绩效考核结果告诉员工之后，还会给员工机会来表达自己的不同意见。

3. 问题解决方式

这种面谈方式对于开发和提升员工的潜力，促进员工全面发展有非常大的帮助，它能够在反馈的基础上，帮助员工提出优化工作绩效的计划和目标。问题解决的面谈方式往往是以管理者和员工共同讨论与解决问题的方式来展开的，从面谈一开始，管理者首先会鼓励员工去回顾在工作中曾取得过的成绩以及出现过的问题，然后管理者和员工会在共同讨论过后，一起将问题解决。

三、优化绩效管理方案

（一）绩效管理优化的内容

1. 绩效诊断

将绩效诊断过程中发现的绩效问题反馈给员工并和员工一起分析绩效问题出现的原因，这两方面内容可以说是绩效诊断过程中的主要内容。若想有效实现绩效诊断，最主要的一个途径就是进行绩效反馈面谈，它除了能让员工的重视程度提高，接受自己的绩效反馈，还能在面谈的过程中获得员工的意见、申诉和反馈。对于员工绩效问题的诊断，常常会用到以下两种思路。

① 对于绩效不佳的问题，可以从员工自身储备的知识和技能、对待工作的态度及所处工作环境等方面来分析原因。

② 对于绩效问题，可以从员工、主管及环境三方面来进行分析。

2. 制订绩效优化计划

不论是员工还是直接上级，在绩效优化的过程中都扮演着十分关键的角色。

对于员工来说，他们对自己的绩效负有直接责任，为了能更好地胜任工作岗位的职责要求，他们必须要尽全力去提高自己的绩效；对于直接上级来说，为了更好地帮助员工提高绩效，他们就必须对员工进行指导和支持。

（1）个人绩效优化计划

制订的个人绩效优化计划主要包括以下几个方面内容。

① 回顾自己在上个周期中的一系列工作表现、工作态度及领导提出的一些绩效病因，回顾完之后就要深入且全面地去思考怎样在自己的努力之下使之前绩效不佳的情况得到改善。

② 思考之后，就要试着去制订一套较为完整的个人绩效优化计划，并对发现的不良绩效维度提出可行的优化措施。

③ 在条件允许的情况下，与上级领导一起讨论自己制订的优化措施，争取能够得到必要的资源支持，同时还应对自己的时间和能够利用的现实资源进行综合调配，最大限度地保证制订的优化措施能够付诸实现。

除此以外，个人绩效优化计划若想要顺利进行，还必须配合有组织地支持和配合上级领导，因此，员工在制订完自己的绩效优化计划以后，还应在第一时间与上级主管沟通，力求获得认可。

（2）组织绩效优化支持

在员工进行绩效优化的过程中，能够获得上级和组织的支持是非常重要的。因此，上级在这个过程中要切实做到以下几点。

① 上级领导应根据自己以往在绩效优化过程中获得的经验，来为员工提供合理且可行的建议，并且要告诉员工，在优化绩效的过程中，要想做到又快又好地实现目标，可以采取的一些措施等，同时还应在员工制订个人优化计划的过程中给予一定的帮助。

② 对于员工制订的计划，提出自己的意见以便做进一步的完善，增加计划的可行性，同时还应确保该计划确实有助于绩效优化。

③ 如果员工需要一定的支持和帮助，组织应积极配合，争取满足员工的需求。

④ 管理者也可以站在组织的角度，为员工安排特定的导师，也可以为员工

开设一些通用的培训课程。

（二）绩效管理优化过程中应注意的问题

引导员工自发地去改变自身存在的不恰当行为，是企业制订绩效优化计划的主要目的所在。为了使这个目的能够顺利实现，企业就必须要对以下几个方面问题给予充分的关注。

1. 意愿

意愿，指的是员工具有主动寻求绩效管理优化的想法，如果员工满足于当前舒适且安逸的工作状态，不希望改变这种工作状态，那么即使企业制订了绩效优化计划，往往也很难真正实施起来。要想从根本上促进企业绩效的优化，就必须通过相关的奖励与惩罚措施调动员工的积极性。

2. 知识和技术

员工优化自己绩效的核心要件是知识和技术，如果没有知识和技术，即使员工知道自己的问题所在，也不知道怎样去调整自己的工作，提高自己的工作效率。企业可以通过对员工进行周期性的培训来提高员工的知识和技术水平，只有这样才能帮助他们提高个人素质和工作质量。

3. 气氛

员工所处的工作氛围应该是积极向上的，只有这样才能不断地充实和完善自己，进一步提高自己的工作效率和工作质量，从而获得更好的待遇。这就需要人力资源管理者主动去带动和营造这种积极向上的工作氛围，除此之外，还需要员工的支持和积极实践。

4. 奖励

虽然说奖励无法保证员工能够永远保持积极性，但实践证明，奖励的确能够让员工在面对绩效调整时保持更加积极的态度。奖励主要包括工资、奖金等物质奖励和荣誉称号、自我满足等精神奖励两种，不论是哪种奖励，都能有效调动员工的积极性。

（三）绩效考核的问题诊断

1. 绩效考核主要构成要素的问题诊断

（1）考核目的

例如，长期以来，南车电机公司之所以会进行绩效考核，其目的主要是向员工发放年底奖金，除此以外并没有其他方面的目的，由此可见，南车电机公司的考核目的并不是非常清晰明朗。

（2）考核对象与内容

可以说，不管是公司的经理还是副经理，或者只是普通员工，都是公司绩效考核的对象。

考核内容为：① 下一阶段的工作方向和工作重心；② 该部门的运作情况，如财务状况、既定节点的完成情况以及盈利状况。考核的内容更倾向于业绩目标的完成情况和整体思想道德品质，缺少对工作能力方面的考核。

（3）考核主体

考核方式以主管评估法为主，以自我考核为辅，对于绩效考核制度和考核方案的制订，主要由公司的行政人资部来负责。由公司领导和有关职能部门的人员共同组成的考核小组，对各部门的评估出现了失衡的状态，如一些部门的领导在对本部门员工进行工作绩效考核时，为了保全员工的绩效工资或为了单方面保护员工，不让部门员工的不良绩效被其他部门人员知道等原因，往往会出现评估过高的情况。此外，也有一些主管倾向于给员工较低的评估。这就使得对各部门的评估出现了高低不一的现象，难以体现出考核部门和个人之间横向比较的公平、公正。

（4）考核周期

对于各层员工，公司都是采用一个季度一次评估的方式进行考核，可以说，考核周期都是一致的，考核内容主要是检查员工季度工作计划和工作表现情况，最后会有一个年度总结，但基本上是季度考核的累计。

（5）考核工具/考核表格

对不同类型的工作人员，公司所采用的绩效评估表格往往是不同的，但是从本质上看，表格上的内容却并没有太大的区别，除了一些个别具体化的经营指标，表格上所设计的指标大多侧重于对员工学历、行政级别、技术等级以及工作年限的考核，使员工的实践创新能力和实际工作绩效往往被忽略。

除此以外，表格当中还涉及了一系列定性的考核因素，如工作态度、思想觉悟等，这一方面还是值得肯定的。但是在一些方面考虑的还不是很周到，如，对于绩效考核指标体系的确定还不是很科学；考核指标的可操作性不是很强；表格中绩效标准被规定得很模糊，没有尽可能地量化且具有可操作性的标准；等等。

2. 绩效考核工作组织和实施中的问题诊断

① 绩效记录资料不充足，也不够清晰。除了对绩效指导和日常绩效的记录并不是非常全面以外，也没有安排专门的工作人员来及时跟踪和记录各员工的日常绩效情况。

② 在组织和实施绩效考核工作时有关操作做得并不是非常规范，尤其是在实践和内容上都存在着一些偏差和冲突，容易使员工产生抵触情绪。

③ 某些考核成员可能会出现一些心理壁障，使得考核出现偏差，进而对考核结果产生或多或少的影响。

④ 绩效考核体系很难发挥整体效果，并出现了一些脱节的情况：部门考核和员工考核脱节；目标考核和素质考核脱节；季度或年度考核与日常考核脱节；绩效考核和绩效反馈脱节；等等。

第二节 员工薪酬体系设计与优化

一、员工薪酬管理概述

(一) 薪酬的概念

薪酬是人力资源管理的一项功能，是员工得到作为达成组织目标回报的各种类型的奖励。薪酬是很多企业运营的主要费用之一，也是大多数人愿意被雇用的原因之一。薪酬是一种交换关系，即员工用劳动交换经济与非经济的薪酬。经济薪酬分为两种，即直接经济薪酬和间接经济薪酬。直接经济薪酬主要包括周薪、月薪、佣金、奖金等。间接经济薪酬也称福利，即除了直接经济薪酬的货币薪酬。福利项目主要包括各种保险、度假和照看服务等。

从员工角度来看，薪酬是生活的必需部分，是提供给自己和家人所需的手段。从组织角度来看，薪酬是人力资源的重要功能之一。在如今的服务经济中，薪酬常常达到甚至超过组织 50% 的现金流。薪酬是吸引员工获得更好绩效的原因之一。

（二）薪酬的构成

基本薪酬、绩效薪酬、激励薪酬、福利与津贴等是薪酬的构成部分，下面进行详细介绍。

① 基本薪酬。基本薪酬属于稳定性报酬，是企业支付给员工的固定工资。基本薪酬是依据员工的能力以及完成的任务向员工支付的工资。

② 绩效薪酬。绩效薪酬属于奖励性报酬，是企业支付给员工完成任务或突出业绩的部分。

③ 激励薪酬。激励薪酬是组织根据员工绩效考核的结果，向员工支付的报酬，旨在提高员工的工作业绩。

④ 福利与津贴。福利与津贴属于福利性报酬，不仅包括金钱报酬，还有一些非金钱性福利。福利与津贴不与员工的劳动量和劳动能力相关，主要是组织激励和约束员工的管理手段。

（三）薪酬的标准

薪酬功能的目标是创造对员工和组织都公平的薪酬体系。理想的薪酬应该是员工被吸引到组织，并且有目的地为组织开展有效的工作。为了保证薪酬的有效性，薪酬应该满足以下几个标准。

① 适当的。薪酬应该达到政府、工会等规定的最低薪酬水平。

② 公平的。组织应该根据员工的能力、努力等，公平地给予员工薪酬。

③ 平衡的。薪酬应该符合组织经营计划。

④ 节约成本的。薪酬应该考虑组织的支付能力。

⑤ 安全的。薪酬应该满足员工的基本生活需要，给予员工安全感。

⑥ 提供的动机。薪酬应该鼓励员工有效工作。

⑦ 被员工接受。员工应该能理解薪酬体系，并感到公平合理。

(四) 薪酬的新形式

1. 战略薪酬

战略薪酬与企业普遍的薪酬体系不同，不是人力资源部门的薪酬日常管理内容，而是重大商业性、战略性的人力资本投资，属于薪酬特区或薪酬特殊政策，是支付给战略性人才的特殊报酬，以超高薪为代表。

2. 成就薪酬

成就薪酬是给予优秀人才的最高薪酬，属于事业薪酬，是组织吸引并留住人才的保障。成就薪酬是组织为优秀人才提供广阔的发展空间，为人才提供足够的资源，让人才去完成一个出色的项目。

3. 金融薪酬

金融薪酬属于跨界薪酬，主要形式是期权和股权。通过资本市场，让股权投资人出资为持有期权和股权的人才加满油。资本市场的定价和造富机制直接决定企业在人才市场中的竞争力。

4. 创业薪酬

创业薪酬属于超级薪酬，是传统工资不能比拟的，远远超过传统意义上的整体薪酬。创业薪酬是组织支付给核心人才的报酬，主要是组织给予人才组织内部发展的机会，让人才在组织内部进行创新创业，人才既能获得创新创业成功带来的成就感，同时组织还能留住人才。

5. 区隔薪酬

企业通过提供给人才比竞争对手更多的薪酬来吸引和留住人才，通过区隔薪酬来提高企业竞争力。区隔薪酬有多种形式，如一线城市比二线、三线城市更高的薪酬定位：企业规模较大的公司比规模较小的公司更高的薪酬标准；本科应届生、硕士应届生以及博士应届生等不同的薪酬划分等。

6. 人单薪酬

人单薪酬突破了传统人力资源管理中人工成本管理的问题，是对传统薪酬的重大颠覆。人单薪酬的本质是员工与客户合一。"单"是人单薪酬的基础，评估员工为客户创造的价值。人单薪酬的原则是自负盈亏。为客户创造的价值越高，员工获得的薪酬越多。

7. 整合薪酬

整合薪酬是各种薪酬要素的有机结合，通过恰当的组合，将物质与精神间接转换成薪酬，以达到激励员工、提高员工的工作效率的作用。例如，三结合薪酬模式将技术与管理有机结合在一起，即能力与工资和梯队级别挂钩；绩效和奖金与期权挂钩；福利与工作效益和努力程度挂钩。这种薪酬模式能够调动员工的工作积极性，以使他们获得更多的整合薪酬。

（五）薪酬的作用

1. 维持和保障生活

对企业来说，薪酬意味着维持劳动力生产与再生产的需要；对员工来说，薪酬意味着满足基本生活需要。员工需要用薪酬来采购必要的生活用品维持基本生活，如果薪酬不能满足员工的基本生活，员工就不能尽心工作。

在满足基本生活需要后，员工就会提升需求层次，在娱乐和社交等方面进行支出，满足自身的精神需求。另外，员工还会在教育、培训等方面进行支出，不断提高自身的工作能力，适应技术进步和生产发展需要。

2. 优化资源配置

薪酬可以促进资源合理配置，其方式是依据不同行业、不同岗位的不同薪酬，劳动力会尽可能地选择符合自身能力的高薪酬就职。在劳动力价格的形成过程中，劳动力的供需矛盾发挥着重要影响作用，能够引导劳动力的流动。但是劳动力流动会受许多因素的影响。例如，劳动力跨区域流动会受生活环境、生活习惯等方面的影响；劳动力跨行业流动会受行业知识、专业技能等方面的影响。

3. 满足精神需求

能够让人才持续努力的永远是内在动力，尤其是优秀人才。强大的动力应该来自内部，即人才本身。这个动力应该是满足物质需求后，追求卓越的内在精神力量，而不是单纯地追求物质的精神力量。由此，人才才能够产生强大的动力去创造效益，提高精神成就感。

4. 体现人才价值

价值体现的是主体与客体之间的一种效益关系，只有在客体以自身属性满足主体需要或主体需要被客体满足的情况下，这个价值才成立，才有意义，否则主客体之间的价值关系是不存在的。为了更好地发挥薪酬制度的激励作用，吸引和留住优秀人才，企业内部的人力资源管理体系还要进一步优化，构建科学合理的薪酬激励体系，让薪酬制度体现人才价值，提高薪酬竞争力。

（六）薪酬管理的概念

薪酬管理是企业确定、分配以及调整员工经济性报酬中要素结构、支付标准、发放水平、方式方法等内容的过程。也就是说，薪酬管理是对工薪、奖金、福利、津贴等薪酬要素确定、分配和调整的过程。这一过程最终体现在薪酬管理制度及其实践上。

作为企业人力资源的重要职能，薪酬管理不仅要服务于企业人力资源管理的整体发展战略，还要根据企业不同阶段的经营目标，制定科学的薪酬制度，采取合理的措施，协调薪酬要素的关系。

企业能够通过贯彻和落实薪酬制度，有效调整企业内部的劳动关系，维持员工队伍，调动员工的工作积极性和创造性，不断提高员工的专业素质。薪酬管理的设计过程较为复杂，从战略分析到工作分析、工作评价、绩效管理、薪酬设计，最后到薪酬管理，是一个完整的设计与管理系统。

（七）薪酬管理的基本原则

薪酬管理体现了企业价值观，是企业为员工传递信息的渠道。薪酬管理告诉员工：企业为什么提供薪酬，员工的薪酬构成，员工的哪些行为是企业特别关注的，如何提高员工的薪酬，等等。企业在进行薪酬管理时应该遵循以下几项原则。

① 对外具有竞争力。为了达到人才竞争的目的，吸引和留住人才，企业的薪酬管理应该在市场上具有一定的竞争力，要支付高于或相当于人才市场一般水平的薪酬，保证企业薪酬水平与类似企业相当。

② 对内具有公正性。企业的发展离不开员工的劳动成果，因此在支付薪酬时，企业需要考虑员工对企业的贡献。同等岗位应该实行相同的薪酬政策，岗位价值越高，薪酬越高。只有这样，才能更好地调动员工的积极性。

③ 对员工具有激励性。企业的薪酬管理应该通过绩效考核，评价员工的工作成果并给予相应的报酬。企业可以适当拉开员工之间的薪酬距离，并让员工察觉到这种差距，以发挥薪酬的激励作用。

④ 控制薪酬成本。企业的工资总额增长受企业经济效益的影响，员工平均工资的增长受企业生产率的影响。

⑤ 合法、合规。企业的薪酬制度应该符合国家相关法律法规的要求，及时为员工发放工资、交纳社会保险等。

⑥ 战略性原则。薪酬制度应该符合企业的经营战略，薪酬制度的重点要与企业发展重点相吻合。因此，薪酬管理也叫作战略薪酬管理，要体现薪酬分配的力度、重点和激励重点等。

（八）薪酬管理的影响因素

1. 个人因素

（1）工作绩效

员工的绩效表现是决定其激励薪酬的基础。在同等条件下，工作绩效越好薪酬越高，薪酬和绩效之间是正比例关系。此外，员工的绩效表现还会影响他的绩效加薪，进而影响基本薪酬的变化。

（2）工作职务

通常情况下，职务高者权力大，责任也大，因此得到的薪酬也较多。这是决定企业薪酬结构和员工基本薪酬的基础，能够体现出企业内部的公平性。工作职务对员工薪酬的影响主要是职位对员工的工作要求和所承担的工作职责，而不完全来自它的级别。

（3）个体差异

在企业中，每一名员工的薪酬都是不尽相同的。员工不同的资历水平、工作技能、工作年限也会反映在薪酬上。一般来说，学历高、技能水平高、工作年限长者，薪酬就会相对高一些。

2. 企业因素

（1）企业经营状况

企业的经营状况是决定薪酬管理的物质基础，因此，企业的财务状况会对薪酬管理产生重要的影响。经营良好的企业能为员工提供高且稳定的薪酬，而经营陷入困境的企业不能为员工提供高且稳定的报酬。

（2）薪酬政策

薪酬政策能够直接表现出企业的分配机制，影响企业利润积累和薪酬分配之间的关系。因此，薪酬政策应该与企业的经营战略相吻合，在不同的经营战略下，薪酬政策也应顺应调整。

（3）企业文化

企业文化的核心是企业管理的价值观，会对薪酬管理产生很大影响。例如：在崇尚平均主义的企业文化中，其员工的薪酬差距会较小；在推崇安全主义的企业文化中，其员工的激励薪酬较低，但福利待遇比较好；在推崇物质刺激的企业文化中，其员工的薪酬差距会较大。

3. 社会因素

（1）相关的法律法规

各国、各地区都会依据实际情况制定与薪酬相关的法律法规，以确定有利于社会发展的薪酬水平和薪酬政策。法律法规对企业行为具有强制性的约束力。例如，法律规定了企业薪酬管理的最低标准，因此企业在开展薪酬管理时必须考虑这一因素，在法律规定范围内进行薪酬设计。

（2）地区生活水平

一般经济发展水平不同的地区，其薪酬水平也会有差异。薪酬最基本的功能是保障员工的生活，因此，当整个社会或当地的物价水平上涨时，或者其他企业提高薪酬水平时，为了确保员工横向比较和生活水平的公平性，企业也要适当提高薪酬。

（3）劳动力市场的供求情况

从经济学角度来看，薪酬就是劳动力的价格，受供需关系影响。当市场上某类人才供大于求时，企业中该类员工的薪酬可能会相应下降；但是反过来供小于求的时候，薪酬就会相对增加。

二、员工薪酬体系设计与管理

（一）薪酬体系设计基础

企业薪酬方案的设计是企业开展薪酬管理工作的一个重要方面。合理的工资制度设计能够反映员工的工作贡献，同时，通过对薪酬分配的严格管理，企业可以控制其人工成本，提高经济效益，使员工的工作报酬同企业的经济效益以及员工本人的工作贡献紧密联系起来，从而调动员工的工作积极性和创造性。企业的薪酬策略是薪酬制度设计的着力点，主要包括以下几方面。

① 工资水平的市场定位。工资水平的市场定位是指企业进行薪酬调查，根据薪酬市场平均水平以及企业薪酬文化定位企业的工资（高于、相当于或低于市场平均水平）。

② 薪酬构成。薪酬由固定薪酬和浮动薪酬两部分构成。固定薪酬占总薪酬的比例大，重在薪酬的保障功能；反之，浮动薪酬比例大，则重在薪酬的激励功能。二者比例的平衡要受企业支付能力的限制。

③ 岗位价值。企业应立足于岗位在企业内的贡献价值，以及岗位在市场上的价值水平，平衡内部的薪酬差距，保持其在市场上的竞争力。

④ 奖励重点。企业的奖励重点要根据企业所在行业的情况、企业文化和企业组织结构等确定。企业层级多、架构复杂或企业处于初创阶段、员工渴望实现

个人价值，可重点激励个人；企业结构扁平化、层级简单或企业重视团队行为，可重点激励部门和团队。

⑤ 不同类型员工的薪酬策略。针对员工的岗位特点，企业可采用不同的业绩考核方法。针对员工的生理、心理特征，企业可制订不同的薪酬方案。企业薪酬方案的设计要体现合理、适用以及有效的原则。

（二）薪酬体系设计流程

1. 制定薪酬策略目标

在设计薪酬体系时，应该清楚企业的经营战略和价值观念，这是企业文化的重要组成部分，指导企业员工的生产工作。企业薪酬体系策略主要包括对员工总体价值的评估、薪酬分配政策等。

2. 职位分析

职位分析是薪酬设计的基础性工作，主要包括根据企业经营目标，分析组织结构，明确组织关系，调查分析岗位职责，编写职务说明书等。职位分析要准确，保证组织内部公平。

3. 职位评价

职位评价是判断工作相对价值的过程，职位评价的目的是筛选出由薪酬结构不合理造成组织内部收入不公平的现象。例如，初级会计师的工资高于首席会计师，就出现了薪酬不合理的现象。组织偏好于内部收入公平，但如果岗位薪酬与市场价格发生冲突，通常优先考虑后者。

职位评价不是从经济角度来比较，而是从管理的角度来衡量工作的价值。一般情况下，职位评价由人力资源部门执行，但由熟悉特定工作的员工组建的委员会经常执行实际的评估。职位评价委员会主要包括人力资源经理和其他部门的代表，如生产部、市场部、财务部、技术部等。中小型企业一般没有职位评估专家，因此常会聘请外部顾问，企业要求专家开发工作评价系统，并培训企业员工正确使用系统。

4. 薪酬调查

不同薪酬结构对员工产生不同的行为导向作用。通过内外部薪酬调查，企业能够获得竞争企业薪酬结构的相关信息、本企业员工对薪酬满意度的信息以及国家对薪酬管理的规定和规范的信息等。这些信息有助于解决薪酬的对外竞争力和对内公平问题，是整个薪酬设计的基础。只有实事求是地做好薪酬调查，才能使薪酬设计做到有的放矢，解决企业的薪酬激励的根本问题。综合考虑薪酬的外部影响因素和企业的内部影响因素，才能既了解薪酬的现状，又能看到现象背后的原因。

设计一项调查，让被调查者完成调查，调查数据的分析等都需要花费大量的时间。这种时间消耗必然强调对于绝对必要数据的要求。同时调查应该是易于展开的、易于理解的以及易于完成的。为了避免调查过程中出现问题，应该设有备用方案和人员。人员分配后，应确定调查时间表，以提高执行力。在开发调查方案时，调查人员应该对相关职业及报酬有一定了解，主要考察岗位职责、获得薪酬的形式以及企业关键岗位等。调查方案确定后，决定调查方式。如果调查属于非正式的，而且涉及工作较少，可以采用电话收集信息、网络在线等方式。

5. 薪资结构设计

组织在通过职位分析与职位评价后，能够基本上确定工作价值，但还需要将这种价值转换成实际的薪资值，这时就需要进行薪资结构设计。在企业经营管理过程中，为了保证企业薪酬制度的公平，可以根据员工的贡献大小来确定薪资。综上所述，薪资结构实际上就是企业中各个职位相对价值与员工实际薪酬之间的关系。

6. 薪资分级与定薪

薪资分级与定薪需要在职位评价后进行，是指根据企业中不同职位确定其相应的薪资水平，确定薪资的范围。通过薪资分级与定薪，能够根据职位所蕴含的工作价值，将薪资划分成不同等级，最终形成企业完整的薪酬体系。

（三）宽带薪酬设计

宽带薪酬设计，就是减压薪酬等级，拉大等级内浮动范围，在组织内用少数跨度较大的工资范围来代替原有数量较多的工资级别的跨度范围，从而形成新的薪酬结构和管理体系。

1. 宽带薪酬的特点

（1）拓宽职业发展路径

宽带薪酬扩大了每一级对应的薪酬浮动范围，同时减少了职位的级别数量，削弱了资历的作用，强调业绩的作用。在这种情形下，员工更多地需要考虑如何提升自己的业绩，而不是通过上升级别来提高薪酬，逐渐淡化职位观念，有利于扩宽员工的职业发展路径。

（2）支持扁平化的组织结构

宽带薪酬支持扁平化的组织结构。扁平化的组织结构具有跨度大、流程短、反应灵活、用户广等特点。但扁平化的组织结构需要员工对技能有深入的掌握，要求员工积极参与到组织的管理决策中。宽带薪酬突破了以往薪酬中的职位观念，有利于形成参与型和学习型的工作氛围，进一步调动员工的工作积极性，有利于组织保持自身的组织结构。

（3）鼓励员工持续学习

在宽带薪酬中，员工的业绩与薪酬直接相关。因此，宽带薪酬能够有效提高员工的工作积极性，鼓励员工持续学习，让员工不断提升自身的工作能力。另外，员工还能够意识到自身的发展水平是由自己决定的。

2. 宽带薪酬的实施步骤

（1）确定宽带的数量

一般情况下，薪酬带之间都有一个分界点，每个薪酬带对员工具有不同程度的能力要求。企业要确定薪酬带的数量，根据工作内容和性质等，建立不同的薪酬结构，以提高各个层次员工的工作效率。可以通过以下两种方式来确定薪酬带的数量：①根据组织结构的层级与员工的工作性质划分；②根据员工为企业带来的贡献和附加价值划分。

（2）确定宽带内的薪酬浮动范围

企业需要根据职位评价和薪酬调查的结果，确定每一个薪酬带内薪酬的浮动范围，并确定级差。在每一个薪酬带中，每一个职能部门都要根据市场薪酬水平确定企业薪酬水平与等级。

（3）宽带内横向职位轮换

在同一个薪酬带中，可以进行横向职位轮换，即不同职能部门可以进行跨部门流动，以提高企业的灵活性和适应性，从多方面思考问题。职位的变化更多的是跨部门，跨薪酬带流动较少。

（4）做好任职资格及薪酬评级工作

虽然宽带薪酬具有许多优势，但人力资源管理部门在确定员工薪酬时有更大的自由空间，可能会大幅度提升人力成本。因此，为了控制人力成本，克服宽带薪酬模式的缺点，需要构建任职资格体系，明确薪酬等级标准和方法，创造以绩效和能力为导向的工作氛围。

第三节 员工福利管理的理论与实务

一、福利的概念

在新时期企业福利管理中，对于福利的科学内涵，可以从广义和狭义两个方面来理解。广义上的福利主要包括：① 由政府提供的假期、文化、教育、卫生、社会保障等公共服务与福利；② 由企业提供的各种个人福利和集体福利；③ 由企业为员工个人及其家庭提供的实物和福利等。狭义的福利是指企业为满足员工的生活需要，除去向员工支付薪酬，额外向职工支付的货币、实物或是其他形式的服务等。

二、影响福利的因素

① 高层管理者的经营理念。有的管理者认为员工福利能省则省，有的管理者认为员工福利只要合法就行，有的管理者认为员工福利应该尽可能好，这都反映了他们的经营理念。

② 政府的政策法规。许多国家和地区的政府都明文规定企业员工应该享有哪些福利，一旦企业不为员工提供相应的福利则会被认为是违法，从而影响企业

的福利管理。

③ 工资的控制。由于各种原因。一般企业为了控制成本，不能提供高的工资，但可以提供良好的福利，这也是政府所提倡的措施。

④ 医疗费用的急剧增加。由于种种原因，近年来医疗费都大幅度增加了。如果没有相应的福利支持，员工一旦患病，尤其是患危重疾病，往往会造成生活困难。

⑤ 竞争性。由于同行业的类似企业都提供了某种福利，迫于竞争的压力，企业不得不为员工提供该种福利，否则会影响员工的积极性。

三、福利的形式

（一）法定福利

1. 医疗保险

社会医疗保险是国家通过立法强制企业实施的福利形式。社会医疗保险由个人和企业根据一定比例缴纳，并建立社会医疗保险基金，支付员工的医疗费用。企业必须为每一位正式员工购买社会医疗保险。

2. 失业保险

失业是市场经济下的必然产物，也是经济发展的必然副产品。为了让员工在失业时有一定的经济支持，企业应该为每一位正式员工购买失业保险。失业津贴大致有三种给付方式，即按失业前工资的一定比例给付，或按既定的月数额给付，或是按月绝对金额加月工资的一定比例给付。

失业保险的开支范围包括：失业保险金、领取医疗保险金期间的医疗补助金、丧葬补助金、抚恤金；领取失业保险金期间接受的职业培训补贴和职业介绍补助；国务院规定或批准的与失业保险有关的其他费用。享受失业保险待遇的条件为：所在单位和本人按规定履行缴费义务满一年；非本人意愿中断就业；已办理失业登记并有求职要求，同时具备以上三个条件者才有申请资格。

3. 养老保险

员工年老时，将失去劳动能力，因此企业应该按规定为每一位正式员工购买养老保险。目的是以社会保险为手段来保障老年人的基本生活需求，通过企业和劳动者个人强制或自愿缴费建立保险基金，受益人在退出社会劳动后自动以缴费记录和工作年限为依据享有养老金，从而为其提供稳定可靠的生活来源。

养老保险是针对退出劳动领域的或无劳动能力的老年人实行的社会保障和社会救助措施。老年是人生中劳动能力不断减弱的阶段，意味着永久性"失业"。每个人都会步入老年，从这种意义上说，由老年导致的无劳动能力是一种确定的和不可避免的风险。随着工业化和现代化的发展，全世界大多数国家都已实行了老年社会保险制度。

我国同世界上大多数国家一样，实行的是投保资助型的养老保险模式，这是一种由社会共同负担、社会共享的保险模式。它规定：每个工薪劳动者和未在职的普通公民都属于社会保险的参加者和受保对象；在职的企业员工必须按工资的一定比例定期缴纳社会保险费，不在职的社会成员也必须向社会保险机构缴纳一定的养老保险费作为参加养老保险所履行的义务，然后才有资格享受社会保险。同时还规定：企业也必须按企业工资总额的一定比例缴纳保险费。

4. 工伤保险

员工可能会因为意外事故受伤，为了让员工在受伤失去劳动能力时得到相应的经济补偿，企业应该为每一位正式员工购买工伤保险。工伤保险制度由工伤保险基金、待遇给付和工伤或职业病认定三部分构成。享受工伤保险的主要条件是员工在工作范围和工作时间内因工作原因发生意外事故伤害或患职业病。

5. 生育保险

生育保险费由当地人民政府根据实际情况确定，但最高不超过工资总额的1%。企业缴纳的生育保险费列入企业管理费用，职工个人不缴纳生育保险费。女职工生育期间的检查费、接生费、手术费、住院费和医疗费，都由生育保险基金支付，超出规定的医疗服务费和药费由职工个人负担。产假期间按照本企业上年度职工月平均工资计发生育津贴，由生育保险基金支付。

6. 住房公积金

住房公积金是指国家机关、国有企业、城镇集体企业、外商投资企业、城镇私营企业、其他城镇企业、事业单位为其在职职工缴存的长期住房储金。

职工和单位住房公积金的缴存比例均不得低于职工上一年度月平均工资的5%；有条件的城市，可以适当提高缴存比例。具体缴存比例由住房公积金管理委员会拟定，经本级人民政府审核后，报省、自治区、直辖市人民政府批准。

（二）企业自设福利

1. 企业年金

企业年金计划又称为职业年金计划、雇主年金计划、私人年金计划或者个人账户养老基金计划，是指企业及其员工在公共年金基础上自愿建立的一种补充性养老金计划。企业年金主要由企业和职工共同缴纳，企业缴费按国家有关规定执行，员工个人缴费可以由企业从职工个人工资中代扣。

2. 健康保险

健康保险是企业提供的额外医疗保险，主要用于弥补员工因生病或意外事故造成的经济损失。企业开展健康保险的方式主要有三种，即购买商业医疗保险、参与工会的补充医疗保险或者自行建立补充医疗保险。

3. 员工咨询服务

员工咨询服务是企业对员工提供的咨询服务，旨在解决员工生活中的问题。员工咨询服务的内容广泛，包括工作业务咨询、健康咨询、法律咨询、感情咨询、理财咨询等。

4. 家庭服务

家庭服务是面向员工家庭中的儿童和老人，为他们提供照顾的福利。面向儿童的家庭服务主要是为员工提供儿童看护，服务方式主要包括：① 企业直接兴办儿童看护机构；② 企业为员工提供儿童看护补贴。在现代家庭中，员工赡养老人的压力越来越大。面向老人的家庭服务主要包括：① 实行弹性工作时间；② 资助老年看护中心；③ 提供保健保险项目；等等。

(三) 企业补充保险计划

1. 企业补充养老金计划

由于各方面的原因，法律所规定的养老保险金水平不会很高，很难保证劳动者在退休以后过上宽裕的生活。为此，很多国家都鼓励企业在国家法定的养老保险之外，自行建立企业的补充养老保险计划，其主要手段是提供税收方面的优惠。补充养老金计划有三种基本形式，分别是团体养老金计划、延期利润分享计划和储蓄计划。团体养老金计划是指企业（可能也包括员工）向养老基金缴纳一定的养老金；延期利润分享计划是指企业会根据企业的盈利情况定期在每个员工的储蓄账户上贷记一笔数额一定的应得利润，员工符合一定条件时即可提取这些收益；储蓄计划是指员工从其工资中提取一定比例的储蓄金作为以后的养老金，与此同时，企业通常还会付给员工相当于储蓄金金额一半或同样数额的补贴。在员工退休或死亡以后，这笔收入会发给员工本人或亲属。

2. 集体人寿保险计划

人寿保险是市场经济国家的很多企业都提供的一种最常见的福利。大多数企业都要为其员工提供团体人寿保险。这是一个适用于团体的寿险方案，对企业和员工都有好处。员工可以较低的费率购买到与个人寿险方案相同的保险，而且团体方案通常适用于所有的员工（包括新进员工），且不论他们的健康状况如何。在多数情况下，企业会支付全部的基本保险费。

此外，企业还可以采取加入健康维护组织的方式来为员工提供健康医疗保险和服务。健康维护组织在美国比较普遍，它是保险公司和健康服务提供者的结合。它提供完善的健康服务，包括对住院病人和未住院病人提供照顾等。和其他保险计划一样，它也有固定的交费率，但是这种做法通常有助于降低企业的保险成本。

3. 对未成年的员工进行特殊照顾

未成年员工，是指年满16周岁但未满18周岁的青年员工。如有个别部门因为特殊情况需要16周岁以下的少年，必须经过当地劳动部门的批准，方可招用，并对这些少年的学习、培训给予补贴或津贴。

4. 对特殊工种劳动者的保护与福利

特殊工种，在我国是指在特殊环境中从事体力劳动、井下采掘、地质勘探、在高山中进行野外作业的员工，或从事高温冶炼的员工等。这些员工除享受一般员工的劳动安全保护和福利条件，对他们还要有特殊的营养补贴及津贴。

（四）法定休假

1. 公休假日

公休假日是劳动者工作满1个工作周之后的休息时间。我国实行的是每周40小时的工作制，劳动者的公休假日为每周两天。用人单位应当保证劳动者每周至少休息1天。

2. 法定休假日

法定休假日即法定节日休假。我国法定的节假日包括元旦、春节、清明节、五一国际劳动节、中秋节、十一国庆节和法律法规规定的其他休假日。除规定的节假日以外，企业可以根据实际情况，在和员工协商的基础上，决定放假与否以及加班工资。

3. 带薪年休假

我国实行带薪年休假制度。劳动者连续工作一年以上的，享受带薪年休假。国家事业单位和公务员带薪年休假制度也早已存在，工作人员在5年、10年和20年以上工龄分别休假7天、10天和15天，但这一政策在个别单位可根据实际工作情况进行调整，并非硬性规定。

（五）其他福利计划

1. 饮食服务

很多企业为员工提供某种形式的饮食服务，他们让员工可以较低的价格购买膳食或饮料等。在企业内部，这些饮食设施通常是非营利性质的，有的企业甚至以低于成本的价格提供饮食服务。

2. 健康服务

健康服务是员工福利中被使用最多的福利项目，也是最受重视的福利项目之一。员工日常需要的健康服务通常是法律规定的退休、生命、工伤保险所不能提供的。在大多数情况下，健康服务包括为员工提供健身的场所、器械及为员工举办健康讲座等。

四、福利的功能

（一）传递企业文化和价值观

现代企业中越来越重视员工对企业文化和价值观的认同。员工是否对企业文化和价值观具有认同感，会对企业经营产生很大影响。福利能够体现企业的管理特色，表现出对员工的关心，营造良好的工作氛围。一个优秀的企业必然重视塑造企业文化，从员工出发来开展企业管理，向员工提供各种福利。

（二）吸引和保留人才

一方面，福利能够体现企业的管理特色；另一方面，员工对福利具有内在需求。因此，越来越多的人在选择工作时，会将福利作为重要的考虑因素之一。对企业来说，能否向员工提供切实的福利，是企业吸引和留住人才的重要因素。

（三）税收减免

福利还有一个重要功能就是税收减免。企业完全可以用现金来替代提供给员工的各种实物和服务等，如将这些福利计入薪酬中，员工会为这些现金福利支付一笔高额所得税，但采取福利形式，员工就能获得税收减免。

五、福利管理

（一）福利管理的原则

1. 合理性原则

所有的福利都意味着企业的投入或支出，因此，福利设施和服务项目应在规定的范围内，力求以最小的费用达到最大的效果。效果不明显的福利应当予以撤销。

2. 必要性原则

国家和地方规定的福利条例，企业必须坚决严格予以执行。此外，企业提供福利应当最大限度地与员工要求保持一致。

3. 计划性原则

凡事要计划先行。福利制度的实施应当建立在福利计划的基础上，如福利总额的预算报告。

4. 协调性原则

企业在推行福利制度时，必须考虑到与社会保险、社会救济、社会优抚的匹配和协调。已经得到满足的福利要求没有必要再次提供，确保资金用在刀刃上。

（二）福利管理的主要内容

1. 福利的目标

企业的福利目标各不相同，但有些基本内容还是相似的，主要有：必须符合企业长远目标；满足员工的需求；符合企业的薪酬政策；考虑到员工的眼前需要和长远需要；能激励大部分员工；企业能负担得起；符合当地政府的法规政策。

2. 福利成本核算

成本管理是企业管理中的关键环节，也是福利管理中的重要部分。没有成本目标，福利成本就会失控，从而侵蚀企业利润，成为企业的负担。因此，各级管理者必须花较多的时间与精力进行福利成本的核算，将其严格控制在预算范围之内。福利成本的核算主要涉及以下方面：通过销量或利润计算出公司可能支付的最高福利总费用；与外部福利标准进行比较，尤其是与竞争对手的福利标准进行比较；进行主要福利项目的预算；确定每一个员工福利项目的成本；制订相应的福利项目成本计划；尽可能在满足福利目标的前提下降低成本。

3. 福利沟通

要使福利项目最大限度地满足员工的需要，就必须让员工了解和接受企业的福利安排，因此，福利沟通相当重要。事实证明，并不是福利投入金额越多、员工越满意。如果沟通不到位，得不到员工的认同，现金的福利投入也可能无法取得理想的效果。员工对福利的满意程度与对工作的满意程度呈正相关。福利的沟通可以采用以下方法：用问卷法了解员工对福利的需求；用沟通会、个别交流、宣传栏等方式向员工介绍有关的福利项目；找一些典型的员工面谈，了解某一层次或某一类型员工的福利需求；公布一些福利项目让员工自己挑选；利用各种内部刊物或在其他场合介绍有关的福利项目；收集员工对各种福利项目的反馈。

4. 福利调查

福利调查对于福利管理来说十分必要，主要涉及三个方面的内容：一是进行福利项目前的调查，主要了解员工对某一福利项目的态度与需求；二是员工年度福利调查，主要了解员工在一个财政年度内享受了哪些福利项目，各占多少比例，满意与否；三是福利反馈调查，主要调查员工对某一福利项目实施的反应如何，是否需要进一步改进，是否需要取消。

5. 福利实施

福利的实施是福利管理最具体的一个方面，需要注意以下几点：根据目标去实施；预算要落实；按照各个福利项目的计划有步骤地实施；有一定的灵活性；防止漏洞产生；定时检查实施情况。

（三）弹性福利计划

1. 弹性福利计划的形式

弹性福利计划又称为"自助餐福利计划"，其基本思想是让员工对自己的福利组合计划进行选择，体现的是一种弹性化、动态化管理，而且强调员工的参与。这种选择受两个方面的制约：一是企业必须制订总成本约束线；二是每种福利组合中都必须包括一些非选择项目，如社会保险、工伤保险和失业保险等。一般来讲，弹性福利有以下四种形式。

① 附加型弹性福利，即在现有的福利计划之外，提供其他不同的福利措施或扩大原有福利项目水准，让员工进行选择。其特点是提供其他不同的福利措施

或扩大原有福利项目的水准。例如，某家公司原先的福利计划包括房租津贴、交通补助费等，如果该公司实施此类型的弹性福利制，它可以将现有的福利项目及其给付水准全部保留下来当作核心福利，然后再根据员工的需求，额外提供不同的福利措施，如国外休假补助、人寿保险等。此外，这些额外提供的福利措施通常都会标上一个"金额"作为"售价"，每个员工根据他的薪资水平、服务年资、职务高低或家眷数目等情况，获得数目不等的福利限额，再以分配到的限额去认购所需要的额外福利。有些公司甚至还规定，员工如未用完自己的限额，余额可折发现金，不过现金的部分年终必须合并其他所得纳税；如果员工购买的额外福利超过了限额，也可以从自己的税前薪资中抵扣。

② 核心加选择型弹性福利。"核心加选择型"的弹性福利计划由"核心福利"和"弹性选择福利"组成。"核心福利"是每个员工都可以享有的基本福利，不能自由选择；可以随意选择的福利项目则全部放在"弹性选择福利"之中，这部分福利项目都附有"价格"，可以让员工选购。员工所获得的福利限额，通常是未实施弹性福利制前所享有的，福利总值超过了其所拥有的限额，差额可以折发现金。

③ 套餐型弹性福利，即企业根据员工的服务期、婚姻状况、年龄、家属情况等设计不同类型的"套餐"供员工选择，但"套餐"的内容不能选择。这是目前企业采用比较多的类型，因为它具有针对性，操作起来比较简单。就像西餐厅推出来的A套餐、B套餐一样，食客只能选择其中一个"套餐"，而不能要求更换套餐里面的内容。

④ 积分型弹性福利，即员工暂不享受当年的部分福利，人力资源部负责积分，积分到一定程度后，可享受价值更大的福利。

2. 弹性福利计划的优点

相对于传统企业的福利计划来说，弹性福利计划让员工拥有了主动权，感受到自身是被尊重的。从管理理念的角度来说，弹性福利计划的重大突破在于它贯彻了以人为本的现代管理理念，尊重了员工价值，至少使员工能意识到这一点，这本身就是一种成功。弹性福利计划主要有以下优点。

① 最大限度地激励员工：随着福利在薪酬体系中所占的比重越来越大，员

工对福利的重视程度也必然越来越高。在这种情况下，管理者就可以考虑在选择组织提供的福利时，尽可能地发挥福利这一报酬工具的积极作用，使福利项目的选择尽可能地有利于组织效率的提高，而照顾员工福利偏好的弹性福利计划恰恰满足了这一需要。

② 改善劳资关系：弹性福利计划表面上是向员工提供了一种福利项目的选择权，但更深层次的意义是，它实际上是向员工提供了一种可以控制他们自己的福利分配的能力，使员工从内心深处感觉到自己参与了组织的管理，从而能减少劳资双方的误解，营造良好的劳资关系。

③ 控制福利成本：弹性福利计划能够使企业的福利支出在可控的范围内最大限度地满足员工的个性化需求，并能够取得员工的理解和支持，从而使企业的福利成本不至于无限度地增长。

3. 弹性福利计划的缺点

① 对于组织管理者的素质要求更高。组织管理者必须能充分了解员工的福利偏好，正确地对福利项目进行评估和分类，并科学地对福利项目进行组合。如果组织管理者的素质低，或者可能造成福利组合的不合理，使灵活福利计划发挥不出应有的效用，或者可能造成福利分配的不公平，从而引发福利分配的无效用。

② 有可能造成最有价值福利的浪费。因为员工总是根据个人的福利偏好来选择福利，所以有可能放弃某些对员工有价值的福利。

第五章　高效能的人力资源企业文化建设与员工满意度管理

第一节　促进企业文化的专业建设

企业文化作为社会文化的组成部分，是在社会大文化背景下，企业自身管理模式与文化元素融合进而提升企业竞争力的一种管理思想。企业文化以企业为载体，是企业人共同创造的物质财富和精神财富的综合反映，它伴随着企业的产生而产生，是企业在长期经营过程中所倡导、积累和提炼出来的，代表着企业的主流价值观和工作作风。它以企业管理哲学和企业精神为核心，以企业经营目标、共同价值观、工作作风、员工行为规范、企业标识为主要内容，能够凝聚和激发全体员工工作积极性和归属感，是企业的灵魂和精神支柱。

一、企业文化体系基本构成

五年的企业靠领导，十年的企业靠管理，百年的企业靠文化。特别是对于步入成熟期的企业，文化的营造和引导至关重要，因为企业文化不仅可以凝聚人心，还可以激发激情。

（一）企业文化的核心功能

优秀的企业文化必须具备六个重要功能，即导向功能、约束功能、凝聚功能、激励功能、调节功能和辐射功能。

① 导向功能。导向功能，是通过文化对企业的领导者和员工起引导作用。企业文化的导向功能主要体现在两个方面：经营哲学和价值观念的指导、企业目标的指引。

② 约束功能。企业文化的约束功能主要是通过完善管理制度和道德规范来实现。

③ 凝聚功能。企业文化以人为本，尊重人的感情，从而在企业中形成了一种团结友爱、相互信任的和睦气氛，强化了团体意识，使企业与员工之间形成强大的凝聚力和向心力。共同的价值观念形成了共同的目标和理想，员工把企业看成是一个命运共同体，把自己视为实现共同目标的重要组成部分，从而让整个企业步调一致，形成统一的整体。这时，"企兴我荣，企衰我耻"成为员工发自内心的真挚感情，"爱企如家"就会变成他们的实际行动。

④ 激励功能。共同的价值观念使每个员工都感受到自己存在和行为的价值，而自我价值的实现是人的最高精神需求的一种满足，这种满足必将形成强大的激励。在以人为本的企业文化氛围中，领导与员工、员工与员工之间互相关心、互相支持，特别是领导对员工的关心，员工会感到受人尊重，自然会振奋精神，努力工作。另外，企业精神和企业形象对企业员工有着极大的鼓舞作用，特别是企业文化建设取得成功，在社会上产生影响时，企业员工会产生强烈的荣誉感和自豪感，他们会加倍努力，用自己的实际行动去维护企业的荣誉和形象。

⑤ 调节功能。企业各部门之间、员工之间，由于各种原因难免会产生一些矛盾，解决这些矛盾需要各自进行自我调节。企业与环境、与客户、与其他企业、与国家、与社会之间都会存在不协调、不适应之处，这也需要进行调整和适应。

⑥ 辐射功能。企业文化关系到企业的公众形象、公众态度、公众舆论和品牌美誉度。企业文化不仅在企业内部发挥作用，对企业员工产生影响，它也能通过传播媒体、公共关系活动等渠道对社会产生影响。企业文化的传播对树立企业在公众中的形象有很大的帮助，优秀的企业文化对社会文化的发展有很大的影响。

（二）企业文化"洋葱"模型

通常而言，企业文化的构成分为"三层四维"，即精神层、行为层、标识层；

企业维度、客户维度、员工维度和社会维度。

根据企业文化"洋葱"模型，企业在进行企业文化体系设计时可以参照表5-1进行。

表5-1 企业文化基本构成

核心价值观	公司愿景、公司精神、工作作风		
维度	层次		
^	标识层	精神层	行为层
企业维度	发展理念、发展目标、企业使命、经营宗旨、人本理念	企业基本法、企业经营战略、企业管理制度、企业道德规范、企业典仪规范	办公环境、企业LOGO、司旗等
客户维度	市场观、竞争观、品牌观、服务观、诚信理念	客户满意管理、客户服务规范、客户投诉处理规范	服务形象等
员工维度	工作观、人才观、利益观、选才观、用才观、育才观、留才观、成就观	员工行为规范、激励奖罚规范、员工培训规范、团队管理规范、员工行为高压线	工服、员工精神面貌等
社会维度	质量观、公德观、法律观、环保观、社会责任、企业公民	企业公益活动、企业品牌传播策略、企业光彩事业	品牌形象、社会形象等

（三）常见的企业文化模型

行业不同、地域不同、领导人经营理念不同，导致每家企业的文化表现出不同的风格，有些企业强调以客户为中心，有些企业主张以人为本，有些企业以产品取胜，有些企业以市场取胜，总之，不同的企业需要根据自己的战略选择和行业特点识别符合自身的文化模型（见表5-2）。

表5-2 常见的企业文化模型

模式类别	模式特点	适用范围
在企业家领导下的企业家群体文化体系	借鉴美国、日本、韩国等国家的企业文化先进经验，结合中国海尔、联想、华为的实践；展现企业家的价值取向、道德情操、睿智胆识，凸显企业家的形象力和感召力；建立企业家群体文化的优势	（1）企业家的文化力有待形成；（2）推行企业文化受到传统观念束缚；（3）企业高层理念需要高度统一；（4）企业核心理念、企业价值观亟须统一整合

续表

模式类别	模式特点	适用范围
以客户为中心的企业文化服务体系	树立"客户至尊""超越客户期望"的服务观念，规范员工的服务礼仪；丰富服务手段，提升服务质量，完善服务系统，疏通服务渠道，提高企业在社会上的亲和力和美誉度	(1) 企业确立以服务取胜市场； (2) 企业服务影响企业形象； (3) 企业员工服务观念、服务态度需要转变； (4) 企业服务手段、服务质量需要丰富和提升； (5) 企业的服务系统不健全、服务渠道不畅通
以人为本的全员素质文化体系	遵循"以人为本"的原则，着重挖掘员工的素质和潜能；增强企业的凝聚力，提高员工的忠诚度，激发员工工作的积极性、创造性和团队协作精神，激活企业内部驱动力	(1) 企业缺少凝聚力； (2) 企业员工的忠诚度需要提高； (3) 企业的团队精神需要提升整合； (4) 企业缺少动力，亟须增添活力
以质量为根本的企业文化体系	宣贯"质量是企业的生命"，将文化管理渗入质量管理中，不断提高员工的质量观和全员质量意识，严格遵守国际质量认证，全面提升产品质量	(1) 企业产品质量严重滑坡； (2) 因产品质量致使企业受到损害； (3) 把质量视为企业生存与发展的决定因素； (4) 推行 ISO 质量管理体系遇到阻力； (5) 产品质量需要制定新标准、新策略、新方案
以企业形象战略为重点的企业文化体系	整合或重塑企业形象，树立和制定先进的企业理念和操作性强的行为支持体系，以文化提升企业形象的附加值，增强企业形象的亲和力和感召力，提升企业的知名度和美誉度	(1) 企业形象亟须提高； (2) 需依靠企业形象占领市场，以形象制胜； (3) 企业原有的形象需要更新、统一； (4) 企业制定、实施名牌战略
以科技开发为核心的企业文化体系	凸显"市场促进科技开发，科技开发引导市场"的观念，培养和提升员工的科技领先意识；体现企业尊重知识、重视人才的思想，集合人才资源，建立科研型和创新型团队	(1) 高新技术成为企业发展的瓶颈； (2) 企业重视并确立科技开发是第一生产力； (3) 企业对原有技术产品不满意，科研制约了企业进步； (4) 新产品不能满足市场需求； (5) 企业的产品文化含量不高，或需形成文化系列产品
以市场为中心的企业营销文化体系	确立以"市场为导向，客户为中心"的现代营销理念，树立员工的市场观、竞争观和服务观，提升员工把握市场的技能；优化和完善营销体系，制定销售方略，不断扩大市场的份额和占有率	(1) 买方体系影响了销售业绩的提高； (2) 营销组织架构欠佳、运行不畅； (3) 企业营销观念亟须创新、整合； (4) 销售环节协调不利； (5) 市场服务需要改进

续表

模式类别	模式特点	适用范围
以生产为中心的企业文化体系	培养和提升员工的效率意识,规范员工行为,实现有效的时间管理,改善现场管理和生产环境,改进工艺,降低成本,提高劳动生产率和产品产量,以期不断满足市场的需求	(1)企业产品不能满足市场需求; (2)客户需求量增大,企业规模扩大; (3)企业生产环境亟须改善; (4)企业生产管理水平亟须提高

(四)常见的文化氛围基调

不同的企业除了选择不同的文化模型,还需要培育或者规划适合自己的文化土壤或者文化基调,是主张智慧型、竞争型、创新型文化基调,还是主张奉献型、学习型、凝聚型文化基调,需要企业慎重选择(见表5-3)。

表5-3 常见的企业氛围基调

氛围类别	氛围特点	适用范围
智慧型	善于集合智慧、组织资源;尊重知识、重视人才;具有长远的战略目标,科学的战术策略	企业目标不清晰、战略思想不明确;管理技能不佳,人才资源未能得到充分发掘
形象型	企业形象统一,富有市场性、时代感;员工行为文明规范,具有现代企业人的气质;注重塑造企业在社会的知名度和美誉度	企业视觉识别系统陈旧、不统一;品牌知名度、美誉度较低;员工形象不佳,行为散漫、不规范
创新型	创造性地继承和发扬企业传统;勇于打破常规、敢于承担风险	员工安于现状、墨守成规,企业管理层闭塞视听,缺乏创新,不思开拓
竞争型	无论团队还是个人都有强烈的危机感和忧患意识,积极进取、勇于开拓、富有激情;企业驱动着新型的、现代竞争意识	员工缺少危机感、缺乏竞争意识或企业缺少核心竞争力
奉献型	爱岗敬业;具有强烈的企业责任心和使命感;勇于担当重任,凡事以全局为重,以企业的利益、荣誉为出发点,不计较个人得失	员工以个人利益为中心,缺乏主人翁意识,工作消极、推诿,怠工现象严重
学习型	善于学习、终身学习;不断摄取新知识、掌握新技能;互动研讨,共同提升与进步的学习型组织	员工业务技能不良、观念陈旧、故步自封、不善学习、不思进取
凝聚型	企业具有强大的吸引力、向心力和亲和力;企业员工具有统一的核心理念和企业价值观;团队协作精神强、员工相互关爱、有难同当	企业人心涣散、各自为大,没有共同的核心理念与企业价值观,缺少团队精神

二、企业文化体系设计

企业文化体系设计是一项系统工程，因为文化的建设既要尊重历史，也要着眼未来；既要与企业所在地文化相融合，又要体现企业行业特征与经营理念；既要解决理念文化的问题，同时也要解决行为文化、标识文化的问题。

（一）企业文化现状评估

企业文化现状评估是以战略实现和生产经营为核心，对企业文化因素进行考核，为塑造企业文化提供重要参考依据。企业文化现状评估主要包括：企业经营状况评估、企业规章制度调研、企业价值理念调研、企业与外部环境关系调研、员工形象及行为调研、企业所处行业发展态势调研及企业文化特定的地理、历史背景评估等。常用的评估方法有企业文化调查问卷、结构化访谈、资料查阅、现场观察等。

（二）企业文化建设规划

企业文化现状经过全面客观的评价之后，企业就需要进行文化建设总体规划，企业在进行文化建设总体规划的时候可以按照"三层四维"进行总体规划，也可以根据企业发展阶段及文化"短板"分别进行规划。

企业文化建设总体规划应该包括理念文化项目识别与定义、制度文化项目识别与定义、标识文化项目识别与定义、企业文化建设组织规划、企业文化建设投入规划等。

（三）理念文化设计

理念文化是企业文化的核心，是指导员工思维和行动的价值观和信条。企业理念文化主要包括基本理念体系（如使命、愿景、价值观、企业精神、企业宗旨等）、应用理念（从基本理念派生出来的人才理念、企业理念、社会理念、客户理念等）。

1. 理念文化提炼方法

理念文化内容比较多，在提炼和塑造时应该根据不同的内容采取不同的方法，常见的方法有愿景工作坊、头脑风暴法、集中研讨法、网络会议法、资料筛选法、调查问卷法等。

2. 理念文化表达方式

理念文化的表达也有很多种方法，如箴言式、品名式、人名式、厂名式、经验式、比喻式、概括式、故事式、艺术式等。企业在选择理念文化表达方式时需要把握以下几个原则：突出企业个性、风格一致、立足现实并着眼企业未来、简练易懂。这里需要说明的是，即便有些理念文化字面上是一致的，但每家企业对理念内涵的阐释有可能差异很大。

（四）行为文化设计

行为文化是在企业理念文化的指导下，企业领导与员工需要共同遵守的行为准则，是对理念文化的细化。企业行为文化主要表现为企业规章制度等成文的规定，也包括传统、习惯、风俗、禁忌和流行等不成文的行为规范。

1. 强调制度的严肃性

"在企业中，制度是有尊严的"，这句话是深圳一家企业总裁的观点，他认为，企业的制度一旦确定就必须无条件执行，不能得到严格执行的制度，企业宁可不要。

2. 设计多样化的员工行为规范

企业的制度有尊严，但员工的行为规范可以多样性。通常情况下，企业会根据自身的特点和理念文化建立诸如员工道德规范、员工行为规范、员工行为高压线、合理化建议、员工行为奖惩机制、企业风俗典仪、企业英模人物评选、感动企业人物评选等形式的员工行为规范。

（五）标识文化设计

标识文化是企业文化的外在表现，是指在企业理念文化的指导下，利用平面设计等手法将企业的内在气质和市场定位视觉化、形象化、听觉化的结果，使企业作为企业法人与其他企业法人相互区别、联系和沟通的最直接与最常用的信息平台。

第二节 提升员工满意度的管理体系

一、员工满意度及员工满意度模型

员工满意是指一个员工通过对企业可感知的效果与他的期望值相比较后，所形成的感觉状态。员工满意受个人的价值观影响，不同的人员对同一种事物存在不同的价值判断，因此员工满意带有一定的主观性。

（一）员工满意度

员工满意度是指员工接受企业的实际感受与其期望值比较的程度（员工满意度＝实际感受÷期望值），也就是说，员工感觉到工作本身可以满足或者有助于满足自己的工作价值观需要而产生的一种愉悦的感觉程度。员工满意度通常用分数表示，可采用百分制，也可采用五分制。

员工满意度管理是指通过科学的测量工具对员工满意度进行调查分析，并用一个量化的指标把员工对企业管理各个方面的认同情况反映出来，用于指导企业进行保持或改善，从而达到提高团队凝聚力和保证企业经营效益的目的。

员工满意度管理的目的就是激发员工的工作热情、增强对组织的归属感，为员工创造有利的成长环境。其出发点是以员工需求为准则的，因此员工激励理论是员工满意度模型的科学依据。

（二）员工满意度模型

员工满意度是员工实际感受与其期望值比较的程度，企业要想提升员工满意度必须从提升员工实际感受开始，从这个意义上讲，企业在设计员工满意度模型时，必须认真研究对可能会导致员工不满意的因素加以改善，同时对可能引起员工满意的因素进行强化。

员工满意度模型也称为员工满意度基准，是企业按照一定层次组成员工满意系统中基本要素的总和，它一般是根据企业自身特性和管理需要来策划和设计的。

影响员工满意度的因素有很多，如物质回报、精神回报、成长与发展、工作环境、内部和谐度等。根据多年的实践经验，我们把影响员工满意度的因素归结为 5 个一级维度、18 个二级维度、100 个三级维度，当然企业可以根据自己的规模和调查对象，对以上评价维度进行删减（见表5-4）。

表5-4　ES^{100}员工满意度模型

一级维度（5个）	二级维度（18个）	三级维度（100个）
对工作回报的满意度	物质回报	工资收入、加班工资、奖金、福利、社会保险、薪资系统、假期
	精神回报	工作乐趣、成就感、尊重与关怀、友谊与朋友、个人能力及特长的发挥、职位与权力、威信与影响力、表扬与鼓励
	成长与发展	培训与学习、机遇、晋升、知识的进步、社会地位、能力提升
	奖惩管理	物质或金钱奖励、评比优秀、罚款、记过或降级与降职处罚
对工作背景的满意度	后勤保障及支持	劳动合同、食堂、住宿、职业病防护及保健、休息场所、医疗保障、工伤保障、劳保
	工作作息制度	上下班时间、休息、加班制度、请假制度
	工作配备	资源充裕性、资源适宜性、设备的维护及保养、资源配备的效率、固定资产管理、新设备的配置、新技术的运用
	工作环境	舒适感、现场5S管理、污染与环保、安全感、美观、便利
对工作群体的满意度	内部和谐度	行为、礼节与礼仪、沟通与交流、人际关系、工作配合、信息与经验、员工士气及心态、舆论控制、团队精神
	工作方法和作风	工作质量、工作效率、工作成本、工作计划、责任感及能动性、灵活性与技巧、会议
	人员素质	品格、修养、观念、学识水平及经验、体质与健康、能力表现
对企业管理的满意度	管理机制	管理创新和改进、管理的连续性和稳定性、组织机构、用人机制、监察机制
	管理风格	管理才能、管理艺术、情感管理、管理的有效性
	制度情况	内部投诉、制度建设、认可程度、实施效果
	企业文化	对企业的认同感及归属感、企业形象、文体和娱乐活动、生日及节假日慰问、报纸和图书杂志、内部刊物、合理化建议

续表

一级维度 （5个）	二级维度 （18个）	三级维度（100个）
对企业经营的满意度	产品质量	ISO 9000 质量保障体系、客户投诉、客户信心及满意度、质量目标
	社会形象	与供应商的关系、对地方经济的贡献、与当地政府的关系、就业解决及社会公益事业
	发展愿景	企业愿景及规划、企业经济指标

二、员工满意度调查

员工满意度调查是企业获取员工满意度信息的重要手段和渠道，企业通过员工满意度调查可以直观地获得导致员工满意和不满意的核心因素，以弥补"短板"，使员工更满意。

（一）员工满意度问卷设计

一份优秀的员工满意度问卷在很大程度上可以决定员工满意度调查的信度和效度，我们将员工满意度问卷设计归结为七个步骤。

① 确定调查的内容和对象。员工满意度调查问卷可分为综合项调查问卷和单项调查问卷两种，综合项调查问卷涉及面较广，而单项调查问卷可以设计为：对薪酬的满意度调查问卷、对绩效管理的满意度调查问卷、对工作的满意度调查问卷、对工作环境的满意度调查问卷、对企业综合管理的满意度调查问卷等。企业在经营管理中对所关注问题进行单项调查问卷设计情况较多，因此，企业在进行员工满意度调查时首先要确定所关注的调查主体和相应的对象。

另外，进行内容的设计时，也需要着重考虑员工关心的问题。如果让员工作答他们所不关心的问题时，他们往往会随机选择答案而敷衍了事，这会使企业很难判断管理过程中所存在的问题，进而影响调查的有效性。一般来说，员工所关心的问题是与企业所处的发展阶段、企业的文化特征或者员工的行为特征、企业目前的管理现状息息相关的。

② 确定问卷设计人员。参与调查问卷设计的人员必须对企业经营管理情况较为了解，一般都是由行政管理人员或人力资源管理人员参与，但也应包括中高

层人员或职工代表，因为他们反映了不同层级人员的利益或思想。

③ 确定员工满意度模型。员工满意度模型是设计调查问卷的主要依据或来源。在设计员工满意度模型时，一定要慎重、仔细，并结合公司经营管理实际，确定影响员工满意度的各方面因素。例如：考虑员工成长与发展满意度时，要从员工的培训、晋升、机遇、知识与能力的提升等维度进行设计。

④ 确定调查问卷结构。问卷一般包括前言、主体和结束语三部分。

前言置于问卷的开头，用来说明调查的目的、意义以及有关填写问卷的要求等内容。结束语置于问卷的最后，一般是简短地对被调查者的合作表示真诚的感谢，也可以征询一下被调查者对问卷设计和问卷调查本身有何看法和感受。

问卷主体部分包括调查的问题和回答的格式，以及如何回答问题的指导和说明等内容，它是问卷的主要组成部分。

⑤ 紧扣调查主题，设计问卷选用的问题。首先要将与调查有关的问题尽可能地列出来，然后再逐个推敲筛选，决定问卷选用的问题。所选的题目一则必须符合客观实际；二则必须是围绕调查目的的必要题目，问卷的设计过于简略或过于繁琐都不行。

问题的排列组合方式，一是要按问题的性质或类别来排列；二是要按问题的难易程度来排列，要从易到难，由浅入深。

问题的表述，第一，要注意语言的简洁性、通俗性；第二，要持"中立"立场，不能带任何倾向性或暗示性；第三，要做到一个问号前只问一个问题，不要在一个问号前设多个问题。

对所设计的问题的时间控制，根据我们的经验，答题时间一般在 50 分钟为宜，同时调查的内容也不要过于详细。反之，如果问卷的题量过大，势必会占用员工大量的时间，给员工带来不便，即使调查前的沟通工作做得很完善，也难以避免员工的应付心理，答题的质量自然会受到影响。另外，调研活动只是帮助企业找到存在问题的方向，仅依靠调研发现企业的具体问题是不太现实的，具体问题的发掘和产生原因还需要后续大量的分析、考察和考证工作。

⑥ 对初步设计的问卷在小范围内试用，确定问卷的可行性。调查问卷设计小组按照预先所选定的调查对象进行抽样调查，并与其进行预先沟通，明确本次

调查活动的目的与意义，对所设计的调查问卷在小范围内进行有效性测试。依据测试结果与预先设计问卷调查的目的进行对照，对设计问卷的可行性进行分析。

⑦ 对调查问卷本身的科学性、合理性进行分析、修正，得出一份完整的调查问卷。依据在小范围内的有效性测试情况，会发现调查问卷本身存在的一些不合理或不适宜的方面（如目的性不强、超出了所控制的时间范围、问题难以作答或描述等），针对这些情况进行总结分析，在原有基础上对其进行修正，从而得出一份完整的调查问卷。

一套科学的调查问卷在设计过程中需要不断地修正与改进，才能使其达到预期的效果。在员工满意度调查中，调查问卷的设计应纳入正常的工作流程，使员工满意度管理趋于完善和规范。

（二）员工满意度调查过程

员工满意度是员工对所在工作环境（包括心理期望、企业管理、工作群体等）的一种主观反映，其调查方法主要有访谈调查法和问卷调查法两大类，但都有自身的优缺点。

第一，访谈调查法：通过口头的访谈记录和观察收集有关员工满意度信息的一种方法。

优点：直接性、灵活性、适应性和应变性、回答率高、信度高。

缺点：费用高、规模小、耗时多、标准化程度比较低、需要事先准备。

类型：有结构化访谈（需事先设计精心策划的调查表）和非结构化访谈（无问题提纲，可自由发问）两种。

场所：适用于部门较分散的公司。

方式：集体性和个别性访谈。频度：一次性或跟踪性访谈。

第二，问卷调查法（结构式问卷法、非结构式问卷法）：依据企业管理的需要设计出调查的问题，并选择一定的抽样方法分发至个别或全体员工的一种调查方法。

优点：涉及的范围比较广，如果结合访谈效果会更好。

类型：有开放性问卷和封闭性问卷两种，各有优缺点，两者结合效果会更好。问卷：需设计题目、说明、指导语、内容、动态问题、编号。

设计：是非选择、多项选择、对比选择、排序选择、程度选择、自由提问。

在进行实地调查研究时，由于问卷法是最易于衡量的量化工具，员工满意度的测量大多数是采用问卷调查的方式进行的。问卷调查法又包括工作描述指数测量法、彼得需求满意测量法、工作说明量表测量法、明尼苏达工作满意测量法、SRA员工调查表（SRA Employee Inventory）、工作诊断调查表、工作满足量表等诸多方法。

（三）员工满意度数据分析

员工满意度调查结果有多种分析方法，常用的方法有员工满意度群体类别分析、员工满意度不同维度分析、员工满意度方差分析、员工满意度回归分析、员工满意度弱项改进渠道分析等。

1. 员工满意度群体类别分析

员工有不同职位族、不同部门、不同管理层级、不同司龄、不同学历等之分，满意度群体分析就是区别不同类别的员工，发现他们各自满意度的弱项与短板。

2. 员工满意度不同维度分析

通过员工满意度分析可以了解员工的看法、心态及需求，同时员工在工作中的行为和各种心态也可以在满意度分析中反映出来或者可以查出原因。

企业可以根据员工满意度模型中的一级维度、二级维度分别对员工满意度状况进行分析，如，员工对薪酬的满意度包括外在报酬和内在报酬两大要素，其内容包括：

外在报酬，指员工通过为企业创造价值而得到的实际回报，包括薪资、奖金、津贴、住房公积金及保险福利等。

内在报酬，包括工作环境、学习机会、个人发展空间、尊重、职位晋升、归属感和成就感等。

根据员工得到的外在报酬和内在报酬的高低，我们可以将员工分为五大类。

① 敏感状态群1：属于高外在报酬、低内在报酬，他们往往注重短期内得到金钱或物质上的回报，而对于学习成长、晋升和发展漠不关心，由于他们看不到

或感受不到内在报酬的存在,而将大部分精力放在外在报酬上,这部分员工对外部环境的高薪诱惑较为敏感,极容易跳槽。

② 敏感状态群 2:属于低外在报酬、高内在报酬,情况与第一类敏感状态恰好相反,对这类人群如果提高薪酬待遇,他们会更为企业效力。

③ 稳定状态群:属于高外在报酬、高内在报酬,无论在薪酬待遇还是成就感、个人发展方面,都处于最佳状态。这类人群不会有跳槽的愿望,是企业发展的骨干力量。

④ 危险状态群:属于低外在报酬、低内在报酬,产生的原因可能是自身知识能力欠缺或自身比较优秀,但后者出于某种原因被列入这个群体中。因此,对前者须加强培训或辞退,对后者要重新安排岗位,使其适才适所。

⑤ 过渡状态群:属于中内在报酬、中外在报酬,这类群体含有前四类群体的个别特征,因此只要薪酬组合中一个因素发生变化,就会导致该群体向其他四个群体转化,有较强的过渡性。

3. 员工满意度弱项改进渠道分析

在进行员工满意度调查,掌握有关信息后,结合企业的实际情况,将影响员工满意度中的关键弱项列入改进计划,常见的方法如下。

① 完善员工培训管理体系,结合员工职业生涯规划,组织相应的培训工作,提升员工能力素质。

② 加强管理沟通,保持企业经营管理信息的顺利传递,增进员工对企业的了解。

③ 对核心骨干员工进行职业规划,使员工个人发展目标与企业的发展目标进行有机结合。

④ 将员工满意度调查结果进行 360 度反馈,将有关调查的信息以及公司所处理的意见向所有被调查对象予以反馈。

⑤ 完善人力资源管理系统,健全"选、育、用、留"的管理环节,形成适才适所、人尽其才的用人机制。

⑥ 完善企业文化体系建设,体现出文化的凝聚功能、导向功能、约束功能,从而增强员工的归属感。

⑦ 为员工配备工作所需的资源（办公设备、学习工具、通信设备等），优化员工工作环境。

⑧ 对组织问题进行分析，并进行相应的组织变革。

⑨ 完善企业的宣传系统，对企业的重大变革、管理理念进行宣贯，将其移植于员工思想意识中。

⑩ 在员工绩效管理系统的基础上，针对不同类别的人员改进激励系统，保留和吸引企业核心骨干员工。

（四）员工满意度管理

通常而言，企业员工满意度管理体系主要包括两个方面：一是员工满意度管理组织体系；二是员工满意度管理制度保障体系。

1. 员工满意度管理组织体系

在员工满意度管理方面，通常有三个组织：员工满意管理委员会、ES[100]小组、人力资源部。

（1）员工满意管理委员会

组成：董事会成员、公司总经理、人力资源部经理、外部专家。

职责：

① 组织制定公司员工满意度管理体系的总体规划。

② 监督公司 ES[100] 小组及人力资源部、企业文化部、经营管理部等相关部门员工满意度工作开展情况。

③ 定期评价公司员工满意度测评和管理体系，对员工满意度管理体系的运行质量负责。

④ 负责协调员工满意度管理过程中重大决策的审核。

⑤ 负责监督公司年度员工满意度工程的实施状况。

（2）ES[100] 小组

组成：总经理、副总经理、人力资源部经理、经营管理部经理、企业文化部经理、工会主席、员工代表。

职责：

① 协助人力资源部建立健全公司员工满意度管理体系。

② 参与员工满意度管理模型和调查问卷的设计、评价和修订工作。

③ 参与员工满意度调查、分析和调查报告的撰写。

④ 与人力资源部共同制订每年公司员工满意度工程项目及内容规划，并保证工程项目的执行。

⑤ 负责员工满意度工程实施效果的评价工作。

（3）人力资源部

职责：

① 全面负责员工满意度体系的建立、运行和效果评价。

② 负责员工薪酬满意度、员工绩效满意度、员工个人能力开发与提升满意度等的管理。

2. 员工满意度管理制度保障体系

企业除了具有健全的员工满意度管理组织体系，完善的员工满意度管理制度体系也是必不可少的，员工满意度管理制度体系一般包括员工满意度管理办法、员工满意度调查工作规范、员工满意度模型设计与修订工作规范、员工满意度调查问卷设计工作规范、员工满意度信息收集工作规范、员工满意度分析报告编制工作规范、员工满意度信息发布工作规范、员工满意度弱项改进工作规范等。

第六章 科技人力资源管理创新

第一节 数智化时代下科技创新管理路径

数智化时代，人们的生产和生活都离不开数据和信息。数据和信息在企业管理中也起着重要作用。尤其是在企业人力资源管理中，人力资源管理同样会接触到海量的数据，借助现代科学技术能够使人力资源管理更加便捷。科技创新为企业科技人力资源开辟了新路径，对企业科技人力资源管理具有重要意义。

一、数智化科技人力资源管理

（一）数智化科技人力资源管理的概念

随着时代的发展和社会的进步，社会经济与数字化深度融合，数字化正在向数智化转型。"数智化"不同于"数字化"，数智化是利用互联网、大数据、人工智能、区块链、虚拟现实等技术实现业务数据化。简单来说，数智化是数字技术的应用，是数字化和智能化的深度融合。数智化科技人力资源管理是企业成长的必由之路，也是社会发展的必然趋势。

数智化与人力资源管理的结合是近年兴起的一个研究领域。数智化对人力资源管理的影响在于让人力资源的各个环节更敏捷，实现更加精准的管理，优化员工工作体验，使员工和雇主的沟通更流畅有效。数智化人力资源管理帮助企业解决组织结构冗杂、信息流通不畅和低效率的问题，企业建立符合自身情况的数智化人力资源管理模型是很有必要的。

（二）数智化时代人力资源管理的改变

数智化时代，人力资源管理主要有招聘、培训、绩效管理与沟通三方面的改变。

1. 招聘

数智化时代下，利用大数据进行人才招聘已经非常普遍。大数据能够收集大量的信息，帮助公司更快捷地找到适合的目标科技人才。公司不仅可以利用大数据深入挖掘科技人才隐藏起来的内部信息，对科技人才进行更深入的理解，还能通过大数据进行智能匹配，提高招聘的精准度。此外，公司还能利用大数据根据企业的特点和标准设计一个评估模型，企业可以依据这个评估模型为面试的求职者打分。利用大数据进行科技人才招聘可以快速地找到符合企业条件的人才，不仅快捷高效，而且科学公正，不受个人偏好、人事关系等因素的影响，能够客观地挑选出合适的人才。人工智能也常被应用在人才招聘中，越来越多的公司利用人工智能帮助人才快速选定申请职位。利用人工智能进行招聘不仅提高了招聘效率和精准度，还为企业节省了人力、物力、财力，优化求职者求职体验。企业还能利用区块链快速准确地验证候选人的其他方面信息，保证招聘公正、客观。

2. 培训

大数据、人工智能在科技人才培训中也发挥着重要作用。利用大数据可以清楚了解科技人才的各项信息，包括学习、工作经历等，利用 AI 技术分析可以匹配科技人才的知识水平和培训需求，生成科技人才特有的培训计划，专门针对科技人才的特点进行精准培训。大数据还能够记录科技人才在培训期间的情况，生成科技人才成长图，根据科技人才成长状况和成长轨迹，随时调整培训计划，精准高效地进行人才培养，避免资源浪费，为企业节省费用。

3. 绩效管理与沟通

大数据也是绩效管理的好帮手。在绩效考核中，企业能够利用大数据计算功能和数据处理功能，快速得出考核结果，然后利用大数据进行横向、纵向对比，科学、真实地分析员工的工作情况和发展变化，根据员工发展变化，挖掘工作中存在的问题，提升企业监控力、洞察力，促进员工改善工作状态，提高工作效率，认真完成工作任务，从而改进企业绩效。企业还可以依托数智化技术提供更人性化、智能化的云激励方案，利用云技术进行档案管理，提升管理效率，给予欲离职的员工以尊重，并合规、便利地办理离职手续，树立良好的口碑。企业利用大数据能够实现和员工的有效沟通,企业能够对员工行为进行评估,员工也能对公司管理进行反馈,这样企业和员工就能够形成一种良好的关系,以实现企业和员工的共同成长。

二、平台化科技人力资源管理

(一) 概念

数字化时代背景下,企业经营方式、经营理念发生了翻天覆地的变化,科技人力资源管理也要与时俱进,科技人力资源管理平台化就是适应数字时代的发展要求。一方面,学者从理论层面分析平台化人力资源管理的特点和企业转型途径。平台化管理的要点就是开放组织边界、发挥网络效应、连接多样化资源,并在能力—动机—机会模型的框架基础上,探讨了平台化人力资源管理中赋能、激励和授权三个环节的具体设计。尝试使用区块链技术探索平台化人力资源管理解决方案:建立个人信息声誉系统,帮助企业快速筛选应聘者;企业向员工发放智能工作条约,保证过程透明,降低监管成本;用区块链技术建立新的绩效考核模式,用客户评价和员工活力价值来衡量员工表现。另一方面,也有许多学者指出,随着平台化人力资源管理理论与方法的完善,人力资源服务业发展前景广阔。

(二) 实现途径

数字化时代,移动互联网使人力资源管理的界限越来越模糊,人力资源管理范围正在不断扩大。平台化科技人力资源管理的实现途径可以分为三种思路,分别为赋能、激励和授权。

1. 赋能

赋能是促使企业员工能力提升、能够具有独当一面的过程。企业通常会帮员工制订发展规划,通过员工培训的方式,提升员工专业能力和水平,让员工能够更好地开展自己的工作。要想实现平台化赋能,可以从以下两个方面着手。

(1) 构建智能化培训平台

智能化培训平台能够利用虚拟现实技术模拟工作场景，让员工在不同的工作场景中历练，锻炼员工的临时应变能力和解决问题的能力。

(2) 训战结合

把训练与实战相结合，把实战当成一种训练。从实际业务中发现问题，并及时开展反思总结工作，总结经验教训，想好面对此种情况的应对措施，在动态实战中提升自身业务能力。

2. 激励

激励是为员工注入动力，促进员工工作效率提升。企业通常会通过绩效管理向员工提供差异化的薪酬和奖金，薪酬和奖金都与员工工作绩效挂钩。员工要想获得更高的薪酬和奖金，就要更加努力地工作。此外，员工还可以根据企业为员工制订职业晋升规划，谋求职业晋升机会。这些都是企业为激励员工制订的举措，而且公平公正，每个员工都拥有同等机会，只要你有足够的能力就能从中脱颖而出，获得更优的薪酬和待遇。

工作角色绩效模型为激励员工提供了新思路。工作角色绩效模型包括任务绩效、适应绩效、主动绩效三要素。任务绩效单纯反映任务、目标、职责等的完成情况，在传统绩效评价中应用较广。适应绩效和主动绩效则能更好地评价员工在平台化转型中的适应性和主动性。适应绩效主要反映员工在平台化转型过程中对学习新知识、新技能的适应能力。主动绩效则是反映员工在平台化转型工作模式下主动改进工作流程、工作方法以及满足客户需求的能力，这充分反映了员工的工作动力和工作能力。

3. 授权

授权是赋予员工充分的权力，让员工能够利用自身知识能力在具体情境中合理解决出现的问题，实现组织目标。企业的授权一般是授予员工开展工作需要的用人权、财权、事权，让员工能够应对各方面的工作以及出现的问题，提高员工的自主性，也让员工扮演"老板"的角色，充分发挥自己的潜能，提高员工的工作积极性。与此同时，授权也打破了传统科层制的限制，项目团队机动灵活，提高了工作效率。

世界顶级战略管理学大师加里·哈默尔（Gary Hamel）提出的"能力金字塔模型"中提到，激发员工的主动性、创造力和激情才能最大限度地发挥员工的潜力。企业为员工提供快速职业晋升的渠道也是激励员工的好方法，员工不再受传统科层制的限制，企业给予员工更多的机会以激发员工的主动性和创造力。

(三)"三支柱"模型

专家中心（center of expert，COE）、人力资源业务合作伙伴（human resource business partner，HRBP）、共享服务中心（shared service center，SSC）构成了人力资源管理的"三支柱"。"三支柱"模型已经成为科技人力资源管理平台化的发展趋势。

人力资源管理"三支柱"模型的研究主要集中于该模型的作用效果。例如，人力资源业务合作伙伴是"三支柱"模型中最重要的一个支柱，角色定位、选拔规则以及培训方案决定"三支柱"模型能否成功实施。"三支柱"模型对人力资源管理进行了细分。其中，SSC 将企业各业务单元中所有与人力资源管理有关的基础性行政工作统一处理，如人才招聘与招聘后的培训管理、薪酬福利核算与发放、绩效管理等。HRBP 是人力资源内部和各部门业务经理沟通的桥梁，不仅要熟悉人力资源的各项事务，还要了解各部门业务需求，与各部门业务经理进行沟通，利用人力资源管理制度和工具帮助各业务部门解决日常出现的人力资源问题，维护员工之间的良好关系。此外，HRBP 还需要依靠自身素养发现并整理人力资源管理（human resource management，HRM）中出现的问题，并交给人力资源专家，让人力资源专家帮助提出更好的解决方案或设计更加合理的工作流程以完善运营流程。COE 主要为业务单元提供人力资源管理方面的相关专业咨询，同时也帮助 HRBP 解决人力资源管理方面专业性较强的问题。"三支柱"各司其职，共同帮助企业解决人力资源管理中出现的实际问题，促进人力资源管理方案贯彻落实和人力资源管理优化，提高人力资源管理效能，保证业务的顺利进行，实现企业的长足发展。

三、在线化科技人力资源管理

数字化时代的信息瞬息万变，与人力资源管理工作相关的人力信息、市场信息也是动态变化的,科技人力资源管理也要随之进行在线化改造,使整个管理过程可以动态处理,更具弹性。企业可以从在线化招聘、在线化办公、在线化绩效管理和在线化员工学习四个方面进行在线化科技人力资源管理。

(一) 在线化招聘

在线化招聘突破了传统线上发布招聘信息、线下进行招聘工作的做法,使招聘工作转型为线上业务,实现招聘工作全流程的在线化。传统线上发布招聘信息会选择智联招聘、Boss 直聘、前程无忧、猎聘等网站。在这些网站上,招聘的覆盖范围小,只能发布招聘公司和岗位的有关信息,表达受限,不能让人深入了解相关信息,招聘效果差,对人才没有吸引力。互联网是一个大的流量池,在线化招聘哪里有流量,哪里有目标人才,就去哪里招聘。因此,各类社交软件、直播平台、知识社区、小程序、公众号都可以成为在线招聘的入口,其覆盖范围广,宣传力度大,招聘效果强。

在线化招聘还要注重招聘信息呈现的效果,提高招聘的吸引力,以获得更多的简历。接下来就是进行简历的筛选,在线招聘可以通过"算法"智能筛选出目标人才,然后根据程序设置,通知候选者面试时间、地点等,并将面试信息自动转到相应的人力资源,生成人才面试计划。进行线上面试时面试官可以用线上系统辅助面试,采用不同的形式、设计自动流转流程,使面试更加便捷,也能更加立体全面地对面试者形成评价,增强决策的科学性。招聘的最后一个步骤是员工入职,新员工接到在线化的入职通知,在线办理入职手续。整个在线化招聘过程更加快捷、精准、省时省力。

(二) 在线化办公

企业可以创新性地在企业内部建立线上部门,通过扁平化的在线组织来开展工作,权责清晰、信息共享,协同在线办公,提高工作效率。员工有什么问题都可以及时在群里反馈和沟通,共同讨论,协商最佳解决方案,推动问题及时解决。

(三) 在线化绩效管理

通过把员工任务和业绩数据化,实现在线化绩效管理。最常用的绩效管理方法 KPI 更看重结果，不适合在线化绩效管理，而目标与关键成果法（objective and key result，OKR）更注重目标和过程，让每个员工自主设定目标与关键成果，能够更好地发挥员工的潜能。OKR 要具体化、量化、难度适中、与组织目标相关并且在规定期限内完成。设定目标上线后，打开自己的用户端就能看见当月的指标完成情况，实时且透明，有利于驱动员工完成目标。

（四）在线化员工学习

企业可以建立在线化员工学习平台，辅助进行培训，帮助员工成长。在线化学习平台有大量的线上课程让员工学习。员工能够根据自己不同阶段的需求选择不同的线上课程。线上还提供在线测评服务，帮助员工自动生成学习导航和内容站点，锁定学习课程。在规定期限内完成学习后，还会有相应的考试，检测员工学习成果，助力员工能力提升。

第二节 科技人力资源管理的长期主义

经济全球化的发展，既带来了机遇，又带来了挑战。当今世界，科技水平是各国都普遍关心的发展问题，很多国家把科技水平的提升作为国家发展的战略重点，努力增强国家综合国力，力争在世界的发展格局中占据有利位置。科学技术已经成为国际竞争的重要武器，我国也提出了"科学技术是第一生产力""科教兴国、人才强国"等理论，奠定了科学技术的重要地位，科技人力资源同样也是企业发展的根本推动力。许多企业的经营充满短期性、逐利性的色彩，以这样的方式运营企业，往往连获取短期利益的机会都没有。企业应当从长期主义出发，组织人力资源管理，实现人力资源管理的变革发展和协同共赢，为企业积累长期价值。

一、科技人力资源管理的长期价值

全球经济正处于低速增长时期，"投机"的窗口正在慢慢缩小，机会主义已经不能帮助企业取得成功，企业只有脚踏实地、回归企业可持续发展的底层逻辑——长期主义，才能在市场竞争中经久不衰，历久弥新。人才是企业最宝贵的财富，科技人才尤甚。但是，当企业遇到发展困难时，人力资源往往会首先被牺牲，企业会通过大规模裁员来缓解危机，减轻企业的负担，这种做法虽然能缓解一时的燃眉之急，但从长远来看是不可取的。在人力资源管理被拿来"开刀"的风气下，人力资源管理长期主义的稀缺性和重要性得以凸显。

那么，如果企业长期坚持科技人力资源管理会带来哪些价值呢？第一，人才的使用价值最大化。企业长期坚持对科技人才的管理，能够让科技人才找到适合自己的位置和擅长的领域，努力钻研，发挥自己的价值。第二，调动人才的积极性和创造性。企业对科技人才进行长期管理，能够实时洞悉人才的研发积极性。由于研发工作具有长期性和不确定性，研发人才需要经过多次实验，经历多次失败，才能取得成功。在研发期间，研发人才很容易在失败中丧失信心，失去前进的动力。企业要通过对科技人才的管理，激发科技人才研发的积极性，燃烧研发工作热情，提升科技创新效率。第三，提高人才的研发能力。企业对科技人才进行长期管理，根据人才长处和短处对科技人才提出相对应的培养方案，精准培养、定向提升，提升科技人才的研发能力。第四，维持员工良好关系。企业长期进行科技人力资源管理，能够让企业内部有良好的交流与合作，维持企业和谐的员工关系，保障公司稳步向前发展。

长期坚持科技人力资源管理能带来如此多的长期价值。那么，如何做到长期坚持科技人力资源管理呢？长期人力资源管理的方法如下。

（一）确定终极追求

随着时代的发展变革，商业形势日新月异，企业面对许多机遇和挑战。企业要确定自己的终极追求和终极目标是什么，在长期经营的过程中不忘初心，诚信经营，不要因为一时的困境，陷入"应激陷阱"，做出不明智的决策，损害公司的长远利益。例如，当很多企业在经营困难时，会进行大规模裁员和降薪，这样也许能度过一时的困境，但很容易失去员工对公司的信任。情义在困境中体现得尤为明显，在公司最困难的时候，如果员工对公司不离不弃，共同努力奋斗，渡过难关，等公司过渡困难期后，回头看，这样的情谊是弥足珍贵且具有强大力量的，不仅能够增进员工之间的情谊，提高工作的配合度和默契度，提高工作效率，还能增强对公司的认同感和归属感，更加努力地为公司的发展而奋斗，促进公司的高质量发展。因此，企业在做出决策前，要以长远的眼光，预测未来的发展趋势，结合公司的终极追求和现实状况科学谨慎决策。企业要坚持科技人力资源管理，时刻用企业的终极目标和终极追求为企业指明前进的方向，实现企业的可持续发展。

（二）完善组织和体系

人力资源和组织、体系关系密切，组织和体系都依靠人力资源。在科技人力资源管理中，"人"显得极为重要，这导致很多企业陷入了误区，过于注重对人的培训而忽略组织体系建设的重要性，个人培养固然重要，但如果只限于对个人能力的培养，而不把人放到组织中发挥作用，会因小失大。个人的能力再强，也敌不过组织的合力。我们既要注重个人能力的培养，也要注重完善组织和体系，让人在组织中发挥更大的作用。企业在日常中要注重员工的团队建设和组织建设，把单个人凝聚成一个组织团体，形成完整的组织体系，发挥人力资源管理的重要作用。

（三）构建人力资源优势

科技人才在企业发展过程中发挥着重要作用，但不能过度依赖个别人力成为公司的竞争优势，对个别人力依赖程度过高，会被个人束缚，风险极大。企业要从组织层面来构建人力资源优势，增强人力资源抵抗风险的能力。企业还要注重对员工的文化建设，增强员工企业文化信仰，提高员工忠诚度，增强企业号召力。构建人力资源优势，要从源头抓起。企业要建立自己的人才供应链，储备人才，保证人才供应，避免出现人才短缺，无人可用。

（四）坚守目标

做事情贵在坚持和行动，能够坚守自己的目标，守得住初心，不在过程中迷失自己。企业要时刻坚守自己的长期目标和终极追求,从企业整体层面进行考虑,从大局出发,做到整个企业的系统优化。例如,在新人刚进公司的时候要鼓励他们发言,敢于表达自己的想法,不要有"新人初来乍到,新人没有发言权"的想法,要让新人敢于发言,在新人有言论不成熟的地方,多加包容,鼓励员工大胆试错,不要因为员工轻微的不当言论就对员工实施惩处,这样的做法容易让员工产生恐惧感,长此以往,员工会变得循规蹈矩,唯唯诺诺,丧失员工的活力,这样就会极大地伤害员工的工作积极性和创造力,员工创新能力和潜能受到压制,无法最大限度地发挥员工的能力。物极必反,企业管理要留有一定余地,让员工有的放矢,在制度的框架下,能最大限度地发挥潜能,注重公司的整体发展,坚守公司的长远目标。

(五)保持平衡

企业在发展的过程中势必面临长期发展和短期生存之间的矛盾。短期生存要求企业注重当下,解决当下出现的实际问题,维持企业的正常发展。长期发展则是以长远的目光,在长期使命的指导下进行企业创新和规划。在企业具体实践中,不要把长期主义作为"挡箭牌",而忽略眼下的发展,企业应该把长期主义作为公司的行动指南,在公司发展的过程中为公司指明方向,而不作为具体的执行方案。在具体实践中,企业要结合当下的局势和企业长远目标,找到短期生存和长期发展的平衡点,保持公司发展平衡。

二、科技人力资源管理的协同共赢

科技人力资源管理需要突破组织边界的限制,实现组织内部的协同发展,科技人才能够共同努力,在组织内部形成互帮互助、协同共赢的良好氛围。只有科技人才相互协作,才能更好地实现科技人力资源管理的协同共赢。企业可以从以下几方面入手,实现科技人力资源的协同共赢。

(一)打破传统组织结构

传统科层制的组织结构太过注重形式,流程过于繁琐,对于外界变化不灵敏，极大地束缚了企业组织活力。企业应该打破传统的科层结构，对科技人才进行扁平化管理，减少组织流程占用科技人才研发的时间和精力，让科技人才专注于科技研发，为企业创造更多的价值，促进企业的发展，实现科技人才与企业的协同共赢。扁平化管理下，科技人才自主权得到增强，组织内部的科技人才能够非常方便地进行协作，有利于科技人力资源的协同共赢。

（二）建立科学的科技人才招聘机制

人才的录用是企业人力资源管理和企业发展中的关键环节。录用人才时一定要对人才进行企业文化教育，提高新引进科技人才对企业文化的认同感。这也要求企业在设置招聘政策时，把企业文化作为面试的一道关卡，让应聘者尽可能多地了解公司的企业文化，为进入公司打下良好的基础。特别是对于企业的核心价值观，要着重凸显出来。例如，协同共赢。在企业文化的引领下，科技人才紧紧团结在一起，共同致力于科技研发。在制订相关职位和入职要求时，企业文化的相关管理人员也要广泛参与，查看入职流程中有无企业核心价值观的体现，这样做的目的是让科技人才在入职时就接受企业文化的熏陶，实现科技人才与企业发展的协同共赢。

（三）制订相应的人力资源规划

人力资源规划是人力资源管理的六大板块之一，在科技人力资源管理中发挥着重要作用，要想实现科技人力资源管理的协同共赢，就必须依靠人力资源规划。在制订相应的人力资源规划过程中，企业要对目前所处阶段进行战略解析。企业只有清楚自身所处的阶段，才能进行良好的人力资源规划。不仅如此，企业还要对公司发展现状有清醒的认知，只有这样才能知道企业需要什么样的科技人才，从而为科技人才的招聘指明方向，做出相应的人力资源规划。在科技人才招聘培养的流程中，要注重使用科学合理的方法，从而更好地为企业提供合适的目标科技人才，满足企业长期的发展需要。公司注重使用科学合理的操作流程有利于留住高端科技人才，促进科技人力资源的进一步优化配置。

(四) 明确公司科技人力资源培训与开发的方向

企业对于科技人才的培训不能仅仅是相关知识的培训，还应该对科技人才进行相应的技能、态度和文化等方面的培训，提升科技人才的综合素养，增强科技人才发现问题、分析问题、解决问题和为人处世的交际能力。高科技人才一般专注于科技研发，除去专业能力之外的其他方面能力相对薄弱，企业要关注科技人才的特殊需求，注重在企业中培养科技人才的各方面能力，加强科技人才之间、科技人才与管理层之间的交流与协作，提高科技人才团队协作能力，增强企业团队的整体实力。与此同时，企业还要进一步加强相应的培训管理，使培训更加制度化。让科技人才在相应制度化的培训中，不断提升自身能力；让科技人才在企业中不只是为企业创造经济效益，还能够有效促进自身素质和能力提高，实现科技人才和企业的协同共赢。

(五) 完善公司薪酬管理和绩效考核机制

企业的业绩考核要以科技人才的实际业务为主，不能存在任何虚假行为，要建立科学完整的考核机制，对科技人才进行全方位的考核。全方位的考核主要可以从质和量两方面来看。不仅要注重考核的质，还要注重考核的量，两手抓。对于科技人才的评价系统要进行不断修改和完善，整合各种评价要素进行整体考察，保证评价的真实、客观、科学，以此促进员工为企业创造出更多的经济效益，推动企业战略目标的达成，实现企业发展和科技人才的协同共赢。

(六) 形成良好的激励机制

良好的激励机制是物质激励和精神激励的结合，是长期激励和短期激励的结合。在物质激励层面，高收入是员工的第一推动力，重赏之下，必有勇夫。股权激励也是一个不小的推动力。员工股权激励是一种通过授予员工股权，实现员工与公司共享发展成果，共担经营风险，推动员工更加勤勉尽责地长期为公司服务的激励方式。股权激励通过员工持股的模式，让员工参与公司管理，改善了公司治理结构，降低了治理成本，提升了管理效率，促进公司凝聚力和市场竞争力等方面的提升。公司以股权为纽带，把价值创造的各方紧密联系在一起，通过利益的统一，从而达到行为、人心的统一。通过股权让员工成为公司管理的一分子，与公司命运相连，成为利益共同体，与公司一荣俱荣、一损俱损，能够提高员工的工作积极性，激发员工工作热情，让员工更加努力地为企业工作。股权激励既激发了员工的工作积极性，让员工获得更多的收入，享受更优的待遇，也为公司创造了价值。正所谓"大河有水小河满"，只有公司得到更好的发展，才能给员工更好的薪资待遇。"羊毛出在羊身上"，只有员工努力地为公司创造价值，公司才能不断发展壮大。只有公司发展壮大了，员工才能得到更好的发展，二者是相互促进的关系。

企业文化是企业精神的一个重要载体。员工在刚进入企业时就要经过企业文化的洗礼，员工在工作的过程中不断接受企业文化的熏陶，经过多年的发展，企业文化已经深深地根植在员工的心中，成为员工的激励源泉和行动指南。企业对于工作中表现优异的员工应该给予表扬，这不仅激励了表现优异的员工继续努力，还给其他员工树立了标杆，激励其他员工向优秀者看齐，带动整个企业前进。"努力工作""艰苦奋斗"的企业文化渗透到整个企业环境之中，成为企业员工的共同信仰和追求，激励着全体员工共同进步。精神激励是员工长期坚守目标、长期奋斗的精神食粮，对员工和企业的发展都具有重要意义。

短期激励，就是当员工完成项目目标或取得成绩后，及时对员工进行奖励。短期激励能充分调动员工在项目期内的积极性，只要完成目标就能获得奖励，奖励能够及时获得，这对员工吸引力很大。长期激励中员工持股和年终奖被企业广泛应用。企业会根据个人全面绩效的评定，包括业务目标的完成情况、团队能力提升情况等进行综合评定，然后给予相应的奖金分配。员工持股也需要一个较长时间才能实现。企业只有把长期激励与短期激励相结合、物质激励与精神激励相结合，才能形成一个较完善的激励机制，促进员工和企业的协同发展。

三、科技人力资源管理的变革发展

在"互联网+"时代，企业还是要以满足客户需求为目标，而科技人力资源管理就是为了完成这个目标而采取的举措。科技发展日新月异，企业对科技人才的需求逐年增长，传统人力资源管理已经不能适应互联网时代科技人力资源管理的要求，科技人力资源管理变革刻不容缓。科技人力资源是从事科学技术工作的人才，他们一般文化素养高、科研能力强、自主性强、对自己要求严格、对新知识与新技术有着强烈渴望、喜欢探索研究、希望能够通过科研实现自我价值、有较高的职业追求。这些特征对科技人力资源管理提出了更高的要求，特别是对于科技人才的职业生涯规划。科技人才更加注重专业性而容易忽略长期的职业生涯规划，而科技人才的职业发展道路又较窄。企业管理者应该思考如何在互联网时代下，根据科技人才的特性，提出高效的人力资源管理方案。科技人力资源管理的变革发展主要体现在以下几个方面。

（一）观念的变革

随着时代的发展，原有的管理观念落后，不能适应时代发展要求，企业管理者应该转变传统观念，树立正确的管理思想。在以往的科技人力资源管理中，有些企业没有重视科技人力资源管理中出现的问题，没有真正去建立行之有效的管理体系，造成企业人才管理不善，导致企业人才的流失或无法充分发挥人才的价值，企业无法做大做强。企业要转变科技人力资源管理不重要的观念，从根源上重视企业科技人力资源管理，特别是对于顶尖科技人才的人力资源管理。在人才招聘后，要了解科技人才的专业能力水平和擅长的领域，为科技人才匹配合适的岗位，最大限度地发挥科技人才的专业优势，激发科技人才的潜力。对于特殊的科技人才，还要制订特殊培养计划，给予人才施展能力的空间，把科技人才的效用最大化。企业还要注重数字技术在人力资源管理中的应用，促进数字技术与科技人力资源管理相结合，更新管理观念，引进新的管理方法，紧跟时代步伐，促进科技人力资源管理水平的提高。

（二）留存机制的变革

科技人才在企业的发展过程中起着举足轻重的作用，因此企业必须保证科技人才的留存。只有科技人才有了保证，企业的创新研发才有希望。怎样提高科技人才的留存率？提高人才的待遇是一个好办法。提高人才的工作待遇包括适时给予人才奖励和表彰，给科技人才营造良好的工作、学习、用餐环境，交给人才具有吸引力的工作内容，对人才开展精准培训，提供公平的晋升渠道，等等。

（三）企业文化的变革

企业采取以人为本的管理模式，以科技人才为核心，注重科技人才的优势、价值。企业进行人性化管理，了解每个科技人才的性格特点、爱好、特长、能力水平等。只有充分了解每个科技人才的信息，才能做到知人善用、分工明确，让科技人才都能找到自己感兴趣或者擅长的部分，发挥自己的所长，更加高效地完成工作，实现自身价值。公司应该关心与科技人才切身相关的问题，想人才之所想，急人才之所急，关注科技人才的成长，对科技人才进行定期关怀，让科技人才感受到家一样的温暖。只有这样，科技人力资源管理才能长期发展。

（四）管理信息化的变革

在科技人力资源管理中，企业建立网络信息开放共享平台，企业内部能在平台上共享信息资源，破除"信息孤岛"，快速响应即时信息，获得更加广泛的信息渠道和更加准确的内容，减少重复沟通，提高科技人力资源管理效率，共同致力于企业的长远发展。

第三节　科技人力资源管理的模式创新

科技人力资源管理的模式创新，主要体现在信息技术创新、跨界平台创新、评价机制创新。数字化时代，信息技术在科技人力资源管理中得到广泛应用，促进科技人力资源管理的模式创新。跨界创新促使科技人才能力发挥，实现科技人力资源管理模式创新。创新评价机制有利于培育高素质队伍，促进科技人才能力提升。

一、大数据强化信息技术的应用

随着信息技术的飞速发展，信息收集管理技术有了新的突破，能够帮助企业构建多元化、立体化的人力资源信息模块。大数据广泛应用于企业管理，相应的大数据被存放在对应的信息系统中，帮助相关部门进行人力资源管理，为企业内部提供了便捷的信息处理和传输工具，提升了人力资源管理效率。信息系统对于人力资源的优化和工作效率的提升起着重要作用。通过大数据，信息系统能够对员工信息进行统一管理，了解员工的信息状况，有利于企业人事方面的决策。信息系统也为人力资源管理提供更为真实的决策依据，使管理人员更加省心省力，降低人力成本。企业人力资源管理的各个环节都可以应用大数据方法进行改进和优化。

（一）人力资源规划

大数据技术帮助企业制订人力资源需求规划、职级规划等战略规划。收集能够影响到管理者进行决策的信息，使管理者能够在最短的时间内掌握和评价公司的人力资本经营现状，并根据外部环境带来的机会与风险，依靠智能决策系统，在统计和预测分析的基础上，生成人力资源管理规划的初步方案，经过相关专业人员的方案调整，形成完整的人力资源管理规划。在这一进程中，决策者需要更好地筛选和掌握数据，努力获取更多的信息，让决策者以"性价比"为依据做出最佳决策，更好地满足公司的发展需求和雇员的心理预期，从而适应企业的需要。

（二）招聘

传统的招聘环节存在许多漏洞，例如，企业招聘信息的宣传与推广受限于招聘途径，人力资源管理者对个人履历和应聘者进行手工甄别，工作量大、难度大，在面试时由于个人的主观偏好，容易影响面试官的决定。种种招聘环节的漏洞会使企业的具体岗位与人才并不能完美匹配，影响组织绩效。

企业应当认识到大数据技术的作用，将大数据方法应用于招聘过程中，运用基于概率推理的机器学习方法，可以对应聘者的个人特点进行分析，用机器筛选应聘者的简历；通过应聘者的履历对应聘者进行甄别，并在结构式的面谈中，根据求职者的工作经历、学习经历等状况特点，通过人力资源部门组织的面试与机器学习应用相结合的方式，可以最大限度地使招聘过程变得便利且决策准确，既节省了招聘成本，也增加了选拔出适合公司战略发展和企业文化的人员的概率。

大数据还可以对新入职员工的工作情况进行追踪，进行员工特征画像，当出现岗位空缺时，根据以往的员工特征画像，可以让人力资源管理者快速明晰现阶段企业需要的员工是什么样的，有的放矢地为公司寻找合适的员工。可以根据应聘者以往工作经历，对应聘者的个人履历进行分析和模型化，形成一个多层面的人才需求画像，这种做法的意义在于给企业的实际雇佣提出一个实用的参考模板，从而保持招聘效率与员工能力的平衡。在大数据的帮助下，人力资源管理过程中所展现出来的海量资料在强大的算法加持下，从某种意义上改善了传统的招聘逻辑，可以帮助人力资源从业者避免或减少在招聘过程中的偏见，以及刻板的印象。

（三）员工关系管理

工作满意度是影响企业员工关系质量的最重要因素。在大数据技术得到广泛应用以前，公司一般会通过调查问卷来获得雇员的忠诚度和满意度，但这些测试都带有很强的主观主义色彩，并且会被雇员的即时情感左右，从而造成测定不精确等问题。

大数据技术的普及与应用，一方面可以让人力资源管理人员对雇员日常的邮件、社交媒体等进行分析，从而理解并剖析工作环境下雇员的情绪、状态及产生的原因；另一方面挖掘员工情绪与工作内容之间的关系，发现影响职工正面情感的各种因子，尝试用这种因子长期对员工进行激励，让员工在工作中产生更多的积极情绪，改善其对工作的主观感受。此外，人们在工作中会害怕失去一些东西，从而容易引起人们的消极情感，如焦虑、犹豫，这时就应当彰显企业以人为本的态度。当员工出现负面情绪时，组织应适时地关注和了解，通过引导等方式帮助员工改善和疏解负面情绪，实现快乐工作的目的，进而降低企业组织的离职率。

（四）离职风险预测与干预

离职风险预测与干预是通过分析企业大量的离职数据，构建模型分析已离职人员个人特征中蕴含的规律，用来判断核心员工的离职风险。企业保存在数据库中的员工个人信息，每条记录应包括多个与离职行为相关的变量，如绩效评估、工作满意度、工作时长、升职情况、工作年限、部门、薪资水平等。对于离职倾向较高的员工，可以提前干预，如进行谈话或改善他们的生活境遇，避免因核心员工离职给企业带来巨大损失。

二、跨界创新平台促使能力发挥

（一）什么是跨界创新

跨界创新成为数字化下技术创新的重要方式，技术创新是企业提升核心竞争力的重要方式。我国"十四五"规划中也提出了创新驱动发展战略，创新作为引领发展的第一动力，在企业科技人力资源管理中发挥着重要作用。数字化背景下，创新充满不确定性因素，创新的边界正在不断扩展，跨界创新成为创新的一种重要方式。大数据等科学技术的发展也为跨界创新提供了必要条件。跨界创新平台为跨界创新提供资源汇聚的载体，有力支持了跨界创新的发展。真正的科学创新一定要依赖于其他领域和学科，不可能单独进行，跨界创新是未来科技创新的一个发展趋势，科技创新需要交叉学科的共同作用才能完成。科学本质上就是一个不停交叉的过程，如果仅仅关注一个领域就很容易被时代淘汰。创新是一个复杂的系统工程，需要多方共同努力才能完成，科技创新需要依赖于跨界融合。当今，我国致力于命运共同体建设，命运共同体建设也需要多方合作创新，只有不同利益诉求的创新主体都参与进来，科技创新才能得到更快发展。

（二）跨界创新平台怎样促使能力发挥

数字化时代，跨界创新更为便利。在互联网平台上，人力资源管理者能够充分利用科学家和企业、金融界资源，汇聚高端智慧，促进科技经济深度融合，通过建立科学家科研方向和企业重大需求的对接机制，促进科技经济深度融合，提高企业科技能力和水平，完善组织架构。人才作为企业发展的重中之重，对企业研发和创新具有重要意义。企业需要建立人才供应链，保证人才充足，还要把人才引进来，汇聚更多智慧和力量。企业应该以直接引进海外人才项目为重点，重视初创型人才项目的培育。通过活动将更多的海外人才吸引到适合的地方，为地方发展"专精特新"中小企业提供必要的人才支撑和技术保障，努力实现"落下来、留得住、发展好"的目标。

跨界创新平台为科技人才创新发展提供了必要条件。让科技人才在发展的过程中能够紧跟时代步伐，实现由传统行业到新兴行业的创新发展，让科技人才的能力得到有效发挥，实现科技人才的长远发展，也为企业转型升级提供了坚实的人才基础，促进企业的创新发展。

（三）跨界创新平台的形式

跨界创新平台中的各个参与者进行互动形成了以下三种网络，分别为价值网络（创新想法具有一定的商业价值，为了让商业价值实现进行的活动形成了价值网络）、知识网络（跨界创新平台中的各个参与者专业背景不同，掌握的知识也不同，不同学科、不同行业的创新知识进行共享、交流和扩散，就形成了知识网络）和社会网络（跨界创新平台参与者进行人际交流、思想碰撞，不同企业间人员流动、资源流动都属于社会网络的范畴）。这三种网络发生互动，就形成了跨界创新平台，实现价值创造、能力发挥的目标。

1. 知识网络与价值网络互动

企业单纯依靠自己的力量是无法获取所有创新资源的，必须把自己置身于网络中，将网络中所有可以获得的创新资源进行整合。知识网络与价值网络形成互动。创新资源的拥有者希望可以将创意变现获得经济收益，所以加入网络；基于价值网络的各个成员对未来收益抱有良好的预期，因此会进行互惠行为。基于此形成的跨界创新平台保证成员们持续进行交流，不断在知识网络中获取有益信息，逐渐扩大知识网络的规模，从而激励各成员投入研发、创意转化工作，产生更好的经济效益，价值网络吸引更多的参与者，良性循环，逐渐形成一个庞大的跨界创新平台。

2. 知识网络与社会网络互动

信息技术的发展使社会网络突破了地理、空间的限制，通过互联网就可以实现人与人的连接，只要双方互相信任、沟通就可以进行知识的传递，因此可以说知识网络的存在以社会网络为前提，无限制的社会网络使空间距离遥远、行业距离遥远、文化距离遥远的个体有机会共同探索。"跨界"中的"界"是无限的边界，往往与文化差异、行业差异很大的网络参与者进行沟通时，能够产生更加有趣的、富有创造性的创新。知识网络与社会网络发生互动是以参与者的信任为基础的，用这样的方式形成的跨界创新平台需要做的就是将尽可能多、跨度尽可能大地将参与者纳入平台，对参与者的行为进行监督和协调，惩处破坏信任的参与者，维护互信互惠的平台氛围。

三、创新评价机制培育高素质队伍

（一）人才评价

人才评价是发现优秀人才的重要方式，也是激励人才提升自身能力、干事创业的重要导向。随着时代发展，人才评价标准发生改变，人才评价机制有待变革，创新人才评价机制对培育高素质队伍具有重要意义。

（二）高素质人才的标准

企业人才评价标准，是衡量人才的重要指标。企业需要不断促使人才向人才评价标准靠近。当然，企业也要根据时代发展变革不断创新评价机制，把握时代脉搏，努力把人才培养成为时代的高素质人才，创建高素质队伍。接下来，我们就来看看新时代的企业人才标准。

1. 品行端正

品行要端正是对科技人才最基本的道德要求。如果某个人员研究能力非常出色，但品行不端，或者曾经有过侵犯他人的科技成果、篡改实验数据、抄袭剽窃等学术不端行为，即便研究能力出色，也无法让人接受。企业所培养的高层次人才必须是德才兼备的技术人才，把道德责任摆在首位。因此，企业必须重视对科技人才道德的培育与塑造，禁止学术不端行为，加强教育专业人员道德责任，弘扬科技的奉献精神。

2. 能力出众

科技人才要具备一定的科研能力和科技方面的专业知识，能够对新技术进行探索和研究，有较强的分析和理解能力，希望通过科学研究实现自己的价值，把科学研究当成实现自我价值的一个方向。企业会对这类人才进行专业培养，不断提升科技人才的核心素养和研发能力，让科技人才在企业研发中发挥自己的价值，实现自己的目标。

3. 业绩突出

在同等条件下，企业会更加青睐学历高、资历深、论文奖项多、科技成果多的科技人才。一个科技人才，企业最看重的就是他的业务能力，能否为企业创造价值。如果人才业务能力不强，企业的态度就会大打折扣。大部分企业经营的根本目的是盈利，企业只会挑选那些能够帮助公司盈利的人才，如果一个人没有能力、没有业绩，就会失去被培养的资格。

在新的评价机制下，品行、能力、业绩三者都是评价一个人是否值得被企业培养的标准，三者要综合考量，缺一不可。通过这个标准选出的人才是最具有培养潜质的人才，企业会帮助他们继续提高自身素养，使其成为企业的高素质人才，建立属于企业自己的高素质队伍。

（三）创新评价机制

第一，集团公司一体化集中管控系统——企业资源计划（enterprise resource planning，ERP）。ERP模型是一种新兴的企业管理模式，同时也是一种管理工具，主要运用数据技术、机器学习技术系统化地整合企业资源，使企业的信息流、物流和资金流合理有效地运行。依靠企业ERP模型的构建，可以实现评价机制的创新。

首先收集员工个人能力（知识技能水平、学习能力、科研能力）和工作行为（工作时间、个人纪律、业务处理量、情绪）两个维度的数据，量化员工的工作表现，在大量员工数据的基础上进行员工个人特点画像；然后进行任务特点画像，分析一项工作或任务所需要的个人能力水平、重要程度及工作耗时，从而给企业的每一项任务"贴标签"；最后将员工个人特点画像和任务特点画像结合起来，企业的业务部门发布任务，系统根据两个画像，自动匹配完成任务的员工，形成任务团队，这样一项任务与该任务的任务团队进行连接就形成了工作组，基于"工作组"建立起人力资源管理的 ERP 模型。

基于以上方式建立起人力资源管理 ERP 模型之后，就可以依据工作组进行柔性的绩效评价。因为任务与员工进行链接之后，业务部门以及人力资源管理者就可以实时地了解工作进度、效率，甚至是工作心情、士气、未来工作走向等数据，可以公正客观、有依据地给员工评分，实时动态计算任务团队中不同成员的任务贡献率，从而进行员工评价。

运用 ERP 模型，可以智能化地以任务贡献率进行员工评价，任务贡献率的大小直接显示员工的价值。高素质员工的评判不仅仅是依据其工作绩效，团队协作能力、给团队带来正向的情绪价值、工作稳定性、工作纪律同样是非常重要的。ERP 模型可以将以上因素全部纳入任务贡献率的计算中，更加全面地识别高素质人才、挖掘高素质人才。

第二，模糊层次分析法（fuzzy analytic hierarchy process，FAHP）。模糊层次分析法是一种定性分析和定量分析相结合的评价方法，将决策过程数字化、程序化，适合在已知条件较少、缺少评价关系的情况下进行人才评价。

运用模糊层次分析法进行人才评价，一共需要以下三个步骤。

第一步，人力资源管理者筛选、选定人员评价体系中的各个评价指标，选定的评价指标必须科学、客观、可量化，必须体现人力资源管理的特点，然后对每一个待评估人员的各项评价指标进行评分。

第二步，对模糊层次分析的各项指标进行赋权，人力资源管理者需要考虑每一个指标对企业运营、组织目标完成的重要性。为有效应对现实中的诸多不确定性，采用模糊语言偏好对指标进行打分，且只需要较少的评价即可以保证评价关系的一致性。基于偏好信息的互补性，对评价过程中的缺失偏好进行补全，并基于完整评价矩阵对各项指标进行赋权。该做法的好处是可以有效避免决策者因背景知识不全等原因造成的对部分偏好关系不确定的情形，也避免了错误的偏好关系可能对决策带来的误导。

第三步，对每一个待评价个体的表现进行排序。基于前一阶段的指标赋权，计算出每一个待评价个体的综合打分，生成个体的排序方案。

第七章　人力资源管理体系的创新优化

第一节　人力资源管理体系的数字化创新

数字技术的快速发展，给所有的行业都带来了崭新的变革，因此，要想实现公司的转型和提升，就必须以数字技术的推广和使用为出发点，对公司的内部管理方式进行变革，而这当中，与公司的运营效率有着密切关系的人力资源管理的数字化发展起到了非常关键的作用。在数字时代，公司的各项工作都变得更加方便和科学。以数字技术为支撑，推进人力资源的变革是现代企业发展的必然之路。

一、人力资源管理数字化

最近几年，无论是咨询公司还是实体企业，都在不断地对人力资源管理的数字化进行研究。

工作环境和雇佣模式的数字化，使工作和合作的形式逐步发生变化。首先，人力资源部门要引导员工进行数字思考，引导员工进行数字变革，建立一个数字化企业。其次，通过数字化平台的建立、应用和服务，对人力资源管理的整体体系、架构和过程进行改造，提升人力资源管理工作人员的工作效率。在人才管理的数字化过程中，并不只是对各类应用（App）进行全面的开发，它还包含了以云端、数据分析技术为基础的新的移动平台，在该平台上对各功能模块的应用进行整合，如考勤、薪酬福利、招聘、协作、目标管理等，而从这些整合中所收集到的信息将会在任何时候任何地点向用户提供咨询服务。

数字化是企业转型的过程中，利用数字技术革新商业模式、创造新的盈利模式、创造新的价值。数字技术给人力资源管理者带来了机遇和挑战。当一个职位发生变化的时候，公司就需要重新考虑自己的招募策略，避免出现人员不足的情况。

在 IBM 看来，人力资源管理的数字化更趋近于"金字塔"，而想要更进一步，则需要从最底部的数据库、流程自助化、自助服务等平台中获取更多的信息。通过数字化的方式，我们能够更好地了解和预见人力资源管理的整体结构、员工的状况，并能够更好地进行人力资源管理的决策，这样能够更快地做出响应，提高工作的有效性。通过这些工作，可以提高公司的各种商业过程的可视性和明确性，提高员工的认识水平。与此同时，利用社会网络，加强员工与管理者之间的沟通，多层面的沟通也可以提高公司的整体形象。在此进程中，人力资源管理应大力倡导并推动变革，最终达成数字化人力资源这一转变。

"数字化人力资源"应从"技术"和"数据"两个层次来界定。从技术角度来看，一是为企业的员工及人力资源管理者配备相关的技术，为企业员工进行数字赋能；二是以前人力资源管理部门必须亲自去做的工作，现在也可以利用科技手段在网上进行咨询。例如，在数据方面，福特一直致力于挖掘大数据的潜力，通过对大数据的研究和对未来的发展进行预测，从而为公司的人力资源管理战略做出贡献。

二、数字化背景下企业人力资源管理创新中面临的挑战

（一）数字化人力资源管理基础设施较为薄弱

数字化软件、数字化系统和数字化平台等是数字化人力资源管理基础设施的重要组成部分，而数字化软件和数字化系统的配置不健全会对企业的人力资源管理工作产生很大的影响。第一，需要改进数字化人力资源管理体系。例如，一些公司为了方便起见，会直接采购第三方公司研发的人力资源管理数字化体系，但有时候这种体系与公司发展战略不能很好地匹配。第二，对人力资源管理数字平台的操作能力有所欠缺。这主要是因为，有些公司的人力资源管理还没有达到新的阶段，无法跟上国外公司的发展速度，因此，引入数字化平台的工作也只能算是一件顺其自然的事情。在实际的工作过程中，人们对数字化平台的操作还没有完全熟悉，有些功能的发展还没有充分深入，没能取得理想的结果，从而对人才培养产生不利的影响。

(二) 数字化人力资源需求模型尚未构建

第一，未利用数字技术实现对公司人才的总体需求量的准确预估。构建数字化的人力资源需求模型涉及很多问题，因此，公司不可能以生产技术、产能投入等为基础，对人才的需求进行预估，而与之对应的人才的招募和培训方案也只能够在短期之内有效，不能够应付突发情况。尤其是在规模较大的公司，如果不能让员工满意，将会严重地降低公司的经营效益。第二，不能对企业人力资源需要的数量与质量进行有效的预测。因为缺少数字化的人力资源需求模型，所以有些公司在对人才需求和人才质量进行分析的时候，往往会根据自己的工作经历来进行，这就造成了公司的人才招募与公司的发展需求不相适应，公司的训练内容与所需的人员的质量结构不相适应。以某公司为例，在进行人事制度改革的过程中，由于缺乏对员工的信息化需求建模，员工的招募申请要经过一重又一重的审核，导致员工的招募工作无法得到有效满足。另外，由于缺少对员工质量的有效预测，造成了人力资源的大量浪费。

(三) 人力资源管理制度与流程尚需完善

人力资源的数字化开发，缺乏一套系统的、科学的创新制度，与人力资源的需要相脱节。例如，一家公司意识到了数字技术所具有的优点，于是引入数字技术以加速人力资源管理创新的过程。然而，相关的系统却没有适时地进行升级，这就造成了工作中权责不清、目标不明。另外，有些公司只在员工招募、训练等方面实现了信息化，而在员工的工资和业绩考核方面，还是以人工为主。

(四) 人力资源管理工作环境较差

第一，部分公司还没有建立起数字化的工作场所。在数字时代，一些公司的人力资源管理工作还停留在以人为中心，与数字技术的结合并未得到很好的体现。例如，没有形成一个数字化的工作环境和气氛，员工没有一个统一的数字化的进入渠道，网上交流的便捷程度不高，从而会对交流的有效性造成不利的影响。第二，某些公司的人事工作仍存在着时空制约。一些公司没有对数字化人力资源进行开发，甚至即便是进行了，其可用性也不是很好。这就使得公司的人力资源管理工作受到一些时间与空间因素的制约，从而对人员的管理创新过程产生不利的影响。拿一家公司来说，因为公司的规模还很小，公司在相关技术和资本方面的投资相对较少，公司并没有将大数据技术、移动通信技术、人工智能技术、数字化技术等新技术与公司管理进行很好的结合，因此公司内部缺乏数字化环境，也就无法高效地完成人岗匹配工作，这就造成了公司内部在人员配置方面一直处于停滞状态。

三、企业人力资源管理数字化发展对策

（一）完善数字化基础设施，建立人力资源数字化管理平台

随着公司人事制度改革的深入，公司人事制度必然会向数字化和智能化的方向发展。第一，搭建人力资源管理信息系统，对人力资源管理实施线上和线下的混合式信息系统。利用数字技术和平台，公司的人力资源管理部门可以把有关的消息用一个移动应用程序发送到员工那里，从而节省大量的时间和精力。在此基础上，对企业内部人员的基本情况进行分析。第二，完成排班、考勤和工资计算的智能控制。利用数字化系统，可以实现智能化的排班和考勤管理，提高了人力资源管理的弹性，不仅可以简化审核过程，还可以提高人力资源管理部门的工作效率。在智慧算薪中，将员工的考勤模块和员工的智能算薪系统相结合，实现了数据共享。第三，搭建协作的服务平台，提高工作人员的服务水平。在建立了数字化协同平台之后，员工可以在线上请假、收看公告提醒等，从而提高了员工的体验度，让他们更愿意积极地利用这样的数字化平台。

（二）构建数字化人力资源需求模型，合理配置人力资源

第一，要做好人力资源的总体需求量的预估。以企业发展规划、生产与技术投入为依据，对人才的需求进行预先的估算，制订相应的招聘计划，方便进行人才储备，满足企业发展的需要。第二，对企业人力资源的结构做出分析。公司应该以目前员工的年龄、学历、经验等信息为基础，运用需求预测模型，来判断未

来一段时期内对人才的结构需要，这样可以方便对其进行针对性的调整。第三，对企业的人力资源的质量要求进行分析。通过使用数字化的人力资源需求预测模型，公司可以了解目前员工的总体状况，包括员工的个体素质及综合能力，从而更好地与职位需要进行匹配，防止造成人力资源的浪费。此外，要按照市场的发展和公司本身发展战略的要求，对将来的人才质量结构做出预估，这样就可以适时地制订出一套招募和训练方案，从而提升人力资源的管理效率。

（三）进一步完善人力资源管理制度与流程，为创新服务

系统和程序的改进可以帮助企业进行人力资源管理的改革。第一，改革数字环境下的企业人事管理体系。以数字化发展要求为基础，企业管理者在进行人事管理系统的改革过程中，必须对企业的人事管理状况有全面的认识，对有关的主体职责进行清晰的界定，对有关的问题进行制约，并对其进行正面引导。在人才培养过程中，人才培养体系要完善，要有针对性、前瞻性，才能适应人才培养的需要。第二，改进人力资源管理系统的数字化过程，推动人力资源管理系统的整体升级。在数字化的环境中，随着企业的发展，企业对内部人员的管理变得更加完善，企业内部与外部之间的联系也变得更加密切，因此企业内部人员的人力资源管理过程也要进行相应的升级，升级后的过程应该更加简洁、更加科学，从而持续地提高企业内部人力资源的有效管理水平。在人力资源管理系统的使用过程中，员工可以根据人力资源管理的数字体系和平台使用体验，对人力资源管理流程进行定时的修改，以确保其实效性。企业的人事管理系统和工作过程必须以数字技术为基础，为企业的经营改革提供有力的支持。

（四）优化现有工作环境，打造数字化人力资源管理工作空间

建立一个数字化人力资源管理工作空间，通过系统性的训练，加强人力资源管理数字化的发展理念，促进人力资源管理体系的革新。第一，为公司人力资源及人力资源管理人员搭建一个信息化平台。在进行人力资源管理工作时，既要有公司人力资源管理部门的积极参与，也要有公司员工的积极配合，因此，在数字化系统中，也要为公司的员工提供一个可以方便查看个人信息、通知消息等的入

口，以此来持续提高公司全体的数字化工作意识。第二，研发一款智能型的应用程序，为公司的人力资源管理提供便利。通过使用智能手机 App，可以突破时空的局限，在这种情况下，公司的人力资源管理部门只需要一部手机就可以实现相关的人力资源管理工作，这与传统的工作方法相比，也是一种创新。第三，建立人力资源管理政策制订的基本模块。在建立基本模块的同时，还必须安装一个智能的分析模块，运用数字化技术，对公司的人才进行自动化分析，进而为相关的管理工作提供更多的帮助。

第二节 数据赋能人力资源体系设计与实现

一、"互联网+"时代人力资源柔性化管理

伴随着经济的发展和市场环境的变化，员工对公司的组织氛围、晋升机会的公平性以及薪资和福利的要求越来越高，因此，公司的人事管理也遇到了新的问题。本节从提高人力资源管理效果的角度出发，研究了柔性管理的概念及其在人力资源管理中的作用。随着"互联网+"技术在新时期的发展，人们的工作模式正在发生着根本性的变化，因此，利用"互联网+"技术来建立一套适合于公司特点的灵活的人事管理体系也成为公司发展的一个重要方向。

（一）人力资源柔性管理的相关阐述

现阶段，企业人力资源管理的地位越来越高，人力资源正在逐步成为具有支配地位的资源。在对人力资源进行管理的过程中，除了刚性化的管理方式，也应该从企业的文化精神、价值观角度出发对员工进行柔性化管理。

传统的人事工作以硬性的管理为主。现如今，企业内部存在着"刚性"和"柔性"两种管理方式，前者把权力交给了上级，后者把权力交给了下级；刚性管理是以公司的规章制度和经营途径来传达消息，柔性管理则强调人与人之间的交流；"硬性"的管理强调对员工的约束，而"柔性"则强调员工的自主管理；

"硬"以"稳"为核心，"柔"以"变"为核心；在固定型公司，其经营方式保持不动，而在弹性型公司，其经营方式具有很大的可延展性；硬性管理仅注重对员工进行工作指引，而软性管理则注重对员工的工作安排和长期发展计划；"硬性"的管理强调对员工的"物质性"的"奖励"，而"柔性"的管理则强调对员工进行"多样性的奖励"。

柔性管理的四个特点：激励的有效性，作用的持续性，环境的快速适应性，内在的驱动性。人力资源柔性化管理的执行可以提高公司的业绩，即便是在面对越来越强的市场竞争压力时。建立"互联网+"下的公司人力资源柔性管理系统，是根据公司的整体发展需要，在公司灵活的文化背景下，从人才需求和培训、绩效考核和奖励等多个角度，促进人力资源柔性化管理的有效实施。人力资源柔性管理，就是要建立一种高效的、灵活的人力资源管理方式，强调人力资源管理的民主化和权力的均衡性。而对员工的个性给予更多的重视，能够增强员工的归属感和凝聚力，增强员工队伍的稳定性。

（二）基于"互联网+"的企业人力资源柔性化管理具体措施

1. 构建企业人力资源信息库

建立"互联网+"条件下的企业人力资源管控信息数据库，是对企业人力资源的相关信息进行统一管理的重要手段。通过对人力资源信息系统的分析，提出了一种基于人力资源信息系统的人才评价方法。"互联网+"背景下，基于人才需求和公司发展计划，建立灵活的绩效考核、灵活的激励、灵活的人才供给与需求、灵活的培训等信息，并以各信息库中的信息为依据，剔除多余的人力资源管理流程，采用 E-R 方法（E-R 方法是"实体-联系方法"〈Entity-Relationship Approach〉的简称。它是描述现实世界概念结构模型的有效方法。）对"实体-属性-关系"进行分析，最终实现数据的标准化、编码和整合。建立好数据库后，要登录，必须先进行注册，通过认证后，才能获取有关的信息。

2. 确立柔性绩效考核评估机制

在"互联网+"的新时期，人们之间的距离变得越来越接近，人们在生活、工作中的联系也越来越多。针对目前我国企业的"信息错位"问题，采用"互联网+"技术,搭建一个能够让员工自由地表达其价值观和情绪的交流平台,可以实现公司各个层级之间的交流。建立与企业内部人员交流的动态开放的绩效评价体系,在进行绩效考核的过程中,采取了一种让所有人员都能够参与的方式,从而提高了它的透明性。在制订公司的人事绩效考核的评价标准时,可以将员工的情绪需要和自我发展的需要作为一个参照,让每个员工都能够最大限度地展现自己的才华,从而提升了人事管理的人性化程度。在建立业绩评价体系时,利用"互联网+"技术,更加注重柔性考核指标的设置和评价方式的选取,强调了员工在公司中的作用,从而提高了员工的责任感,增强了员工对公司的感情,使其对公司制度产生认同感,从而推动公司的可持续发展。

3. 利用"互联网+"柔性化管理完善员工激励制度

在公司人事管理中,对人员的鼓励主要集中在物质的鼓励上,在精神方面,公司并没有给予足够的重视,忽略了他们与公司之间的情感联系。人是一种情感的动物,唯有让他们感觉到来自公司的关爱与温馨,他们与公司之间的关系才会变得更加亲密,从而提升他们对公司的忠诚度和黏度。在实施人才柔性化管理的过程中,需要对人才柔性化管理的方法进行改进。柔性激励的具体实施方法包括:第一,采取多种形式的鼓励,在对员工进行物质鼓励的同时,还可以借助网络平台,建立起一个员工网络,让员工在网络上发表自己的意见,从而可以制订出一个员工关怀计划,并对员工进行有效的精神激励,让员工能够更好地提高其自身的管理水平,如可以在网络上进行职业规划计划、建立荣誉体系等。第二,运用"互联网+"技术,对员工进行调研,协调员工的工作与生活,使其有更多的空闲时间来参加公司的互动经营。利用"互联网+"的服务平台,对薪酬标准、职业规划等方面的需求进行及时反映。第三,建立灵活的工资制度。在对员工进行业绩评价的基础上,以员工的工作为依据,运用人力资源管理系统计算员工的柔性价值和对工作的贡献值,并根据员工在工作中所处的不同位置和所拥有的价值及贡献度来确定薪酬,实现对员工的分层激励,从而将员工的工作潜力完全激发出来。例如,对技术人员进行适当的岗位奖励。

4. 开展人力资源柔性培训活动

在公司的发展过程中,人员的培训是公司的一项战略性的投入。但是,在传统的公司，对人员进行的培训，往往是一顿"大锅饭"，对所有的人员进行的训练都是"一视同仁"的，而且训练的内容也是一成不变的，这就造成了员工接受的培训无法适应具体的工作需要，工作效率的提高受到限制，造成了人力、物力和财力的浪费。因此，必须从根本上转变现有的人才培养模式，而利用"互联网+"技术对人才进行柔性培训则是解决这一问题的有效途径。

在"互联网+"环境下，企业要实施柔性的人力资源管理，必须对企业的员工进行全面的了解，并在此基础上制订相应的培训计划，采取合适的培训方式。企业实施柔性人才培养应尽可能地适应企业的工作需要，因此，企业应在培养前，采用"互联网+"技术，对企业的人员培养需要进行全面的调研，运用大数据技术，对各职位人员培养结果进行分析、整理、归类，并依据分析结果选取相应的培养项目，实现分批次、分层次的培养。与此同时，在培养的过程中，利用"互联网+"的教学模式，通过网上授课，员工能够按照自己的学习计划，自由地挑选学习的课程，从而增强员工的学习效率。在培训后的成果评价方面，采用"互联网+"技术和柯氏公司的四级评价体系对训练结果进行综合数据分析，数据化呈现可为培训方法与措施的科学决策提供依据。

二、基于大数据的人力资源体系设计与实现

在信息科技的带动下，各行各业蓬勃发展，企业需要不断提升自我的核心竞争力，提升自身的服务水平，完善人力资源管理体系是提高企业效益的关键。现代企业管理的一个趋势是企业人力资源管理的智能化。

（一）当下企业人力资源大数据管理系统建设现状

1. 人力资源信息管理系统建设费用比较高

要想完成人力资源管理的信息化，就必须配备一些软硬件来完成。例如，计算器、主机、输入输出装置等属于硬件，CSRF（跨站请求伪造：Cross-site request forgery，也被称为 one-click attack 或者 session riding，通常缩写为 CSRF 或者 XSRF，是一种挟制用户在当前已登录的 Web 应用程序上执行非本意的操作的攻击方法）等属于软件。因为在使用信息技术装备的时候，会涉及使用、试用、

修改、培训等环节，所以不但要投入大量的资金，而且在维护和使用上也要耗费大量的精力。

2. 对人力资源管理的专业化要求较高

要想应用好这一种信息管理方式，就必须有更高的技能，这就需要有企业管理才能、计算机应用才能、综合信息分析才能、数据库应用才能等综合能力的员工，如此方能深刻地分析出信息的真实价值。

3. 对信息安全性没有给予足够的关注

在当今时代，大数据的价值是很高的，在如今信息化技术环境中，很可能发生黑客入侵、计算机病毒感染等事件，从而造成公司的资料被盗和泄露，进而对公司的核心竞争能力造成极大的冲击。因此，在这种环境下，作为企业的管理人员，除了要高度重视公司信息安全，也要采取更为有效的技术对其进行保护。

（二）基于大数据的人力资源管理体系的建设实践

1. 建设思路

利用一种行之有效的方式，对公司现有的人事管理系统的业务流程及功能进行全面的梳理，找出那些需要优化的流程及功能，展开系统总体设计分析、系统需求分析、软件架构设计、系统设计、系统实现与测试、系统运行与维护等工作。此外，还需要对各个系统的软件和硬件设施进行投资，并进行持续的升级和改进，从而实现对公司的人力资源大数据管理系统的高效应用。同时，对每个部分的功能模块进行细分，明确每个模块的主要功能，使用 Python 开发语言和 MySQL 数据库来实现这些功能，然后完成系统的实现及系统测试，确保企业人力资源大数据管理系统的有效运行。

2. 架构设计

企业人力资源管理系统的总体架构分为四层，分别是数据接入层、数据库层、业务层和展示层。

3. 子系统模块

人力资源大数据管理系统包括组织规划、员工管理、企业招聘、绩效评估、福利管理、薪资管理、数据报表、系统用户、系统管理九部分。

4. 建设特点

① 从企业的视角，对企业的组织结构、工作特征、资金水平、员工的电脑运用水平等进行综合考量，构建一套适用于企业的个性化的大数据管理体系。

② 运用大数据技术，与企业评价标准、员工绩效评价标准等相结合，形成日、周、月、季度和年度报告等，为企业提供有效的数据。

③ 经过对系统大数据的分析，将所有的信息融合在一起，甄别出有用信息，使有效的信息发挥出最大的作用，从而帮助企业的决策者在人力成本预算、人力资源规划等方面做出更好的决策。

④ 利用人力资源大数据管理系统，一方面可以让管理者在日常工作中，迅速、有效地处理好人力资源管理相关工作，从而减少人力资源管理的时间和精力消耗，让管理者可以把注意力放在公司的战略目标和长远经营上；另一方面，通过对庞大的人力资源管理数据进行及时的采集、整理和分析，可以为制定和执行战略决策提供强大的支撑，从而提升企业实现组织目标的可能性。一个能在这个时代里产生并发展起来的公司，必然是跟上了时代步伐，各种机制都在持续地改进和完善的公司。要想获得更好的发展，公司就必须对所有可以对公司管理产生影响的体制和制度进行改进，还必须强化与人力资源大数据系统管理有关的制度，进而促进企业的总体运营效率提升。

第三节 人力资源云平台的创新策略及其实施路径

一、人力资源云平台的产生及其影响

（一）人力资源云平台的产生

20世纪90年代以来，外资企业、民营企业，以及部分国有企业对人才外包的需求不断增加，人才中介业务得到了迅速的发展。随着用户对业务的专门化和

业务的多元化的要求，人才中介机构对业务的划分日益细化。伴随私营企业的不断发展，以及外国企业的不断介入，中国的人才服务已表现为服务内容更加专业化、服务领域更加多样化、服务群体更加精细化。同时，也呈现出越来越多的人才服务业务扁平化、平台社交化的倾向，人才服务产业的重点从 B2B 的方式正在逐步转向 B2C 的方式，在今后，人才管理服务业务还有可能向顾客的个人领域进行深入和扩展。

以云计算为基础的 SaaS 是一种新型的"按需求"的业务方式，它颠覆了"以授权为核心"的传统业务模型。SaaS 的租赁方式让使用者仅需要按照其使用量来付费，从而减少了公司在人力资源管理方面的投资，还可以对需要的功能、服务进行灵活的设置，在更新升级速度、兼容性上具有显著的优点。大量的 SaaS 业务模型的建立，为产业互联网平台的诞生与发展奠定了坚实的理论依据。

为此，"上海外服"于 2015 年 8 月正式推出了以技术创新和模式创新为中心的人才管理系统"外服云"，并将其作为我国首个人才管理系统，以云计算为基础，以人才管理为中心，积极探索人才管理系统间的内在联系。上海外服现已经顺利推出了外服云计算新版本，正在不断探索、尝试新型的人才管理云计算业务。

（二）云平台给人力资源管理带来的影响

各种类型的人力资源云平台提供的专业服务，极大地提高了公司的人事事务工作的处理速度。此外，人力资源 SaaS 还可以连接订餐、弹性福利等，让公司的员工感受到更好的工作环境。而对于公司来说，它能够将重点放在公司的绩效提升和战略的落地执行上，从而提升人力资源服务的品质和运行的效率。互联网云计算的出现，对企业的人力资源管理产生了深刻的影响。

1. 使用数据做出人力资源管理决策

在传统的人力资源管理中，大部分都是依赖于人的经验和主观的判断，主要是定性的方式，而定量的方式却很少见。很多公司中，人力资源工作者做出的决定都是基于个人的经验、上司的判断，甚至是个人的偏好，这往往会导致他们的决策质量低下。而在云平台上，集成不同层级、不同结点的海量信息，为企业的

数据赋能：打造高效能的人力资源管理体系

人才培养和人才开发提供了更多的信息支持。利用大数据，不但可以对工资模式及企业福利模式的构建展开深入的发掘，同时，公司还可以对员工的关键业绩展开更精准、更全面的评价。而以大数据为基础的人才招聘可以在更大的规模上，将本公司的数据和市场上的数据进行比较和分析，从而可以做出更准确的决策。

2. 提升人力资源管理工作效率

云计算庞大的信息量，使得人力资源管理人员能够获得海量的、有意义的信息。例如，在社交媒体上，各种各样的专业人员的个人信息和他们的交流轨迹，都为公司的员工招募工作带来了一些蛛丝马迹。互联网覆盖面广，公司利用网络来进行人员的招聘，这种方式不会受到时间与空间的约束，而且可以传递到有网络的任意一个角落。互联网的云计算拥有自动化、智能化的工具与平台，拥有强大的运算能力，它可以代替原来的手工作业，并有效地、准确地对各种信息进行处理，可以通过大数据对人们的网上行为进行科学的剖析，从而生成一幅多维雷达图，方便人们寻找合适的工作。"互联网+"使公司的培训内容与培训手段发生了翻天覆地的变化：借助网络的储存与回放技术，网上的教学模式得到了广泛的认可，而各种教学模式也以网络为基础，不断地进行着更新与改革，并将知识整合与管理纳入一个以知识为中心的能力体系之中。如今，越来越多的公司通过建立工作平台，将来自各个地区的人员联系起来，从而达到协同生产的目的。

3. 降低人力资源管理成本

在过去，大多数的公司都是采用定制开发的形式，但是这个形式往往耗时较久，并且成本较高，从网络系统采购、定制化开发到系统上线等，都要耗费大量的资金和精力，但是人力资源云平台的出现，使得这个成本得到了极大的缩减，可以缩减到只有原来的五分之一，乃至十分之一，这样就大大减少了公司的人力资源系统的投资成本，并且可以对所需的功能和服务进行灵活的安排，在更新升级速度、兼容性等方面具有显著的优点。而这一切的功能实现，都是由云公司来完成的，他们会根据用户的实际情况，对每一款产品进行规划—设计—开发—测试—上线，然后以最初的一款产品为基础，对其进行持续的优化和更新，同时，也要把一些标准的、最好的商业模式融入这个系统中。这样的产品，会耗费大量的精力、时间，还有资金，但是这个技术所需要的高昂开发费用，也会被更多的用户分摊，让开发成本大大降低。

二、人力资源云平台的系统构架与服务模式

（一）人力资源云平台的系统架构

人力资源云平台是为公司的人事管理工作提供信息与数据处理的平台，它是一种现代化、智能化、自动化和信息化的工具。随着公共云技术的不断发展与普及，人力资源云平台的建设将不再局限于硬件。大部分的人力资源云服务都可以通过阿里云、华为云、腾讯云等提供人力资源云服务，而且价格低廉，使用方便。人力资源云平台的系统架构包括以下几个方面。

1. 功能模块云

其中，功能模块云作为人力资源云平台的"大脑"，是人力资源云平台的中心，包含了人力资源云平台的组织架构、岗位管理、绩效管理、薪酬计算、人才盘点、招聘管理、培训管理、干部管理、文化建设、智能人事等部分，其核心功能是为领导、各层级的管理人员提供基本的人事管理信息。在一个功能完善的中央平台之外，还必须有一些软件支持，如人才盘点云、绩效变革云、薪酬激励云等，这些软件可以采集到各种基本数据，然后由中央平台以其巨大的运算能力对这些数据进行处理和分析，从而为人力资源管理决策的制定和执行工作奠定坚实的理论和实践基础。

2. 数据及算法

传统的人力资源管理软件都是以人力资源管理工作过程和空白模板来设计的，这些都要求公司的人力资源管理者自己去设计，但是在现实中，大部分公司的人力资源从业者都不具有这样的技能，这导致现在大部分的人力资源软件都不能够很好地被应用。人力资源云平台以中央平台的功能模块云为基础，将产业的信息数据与内容相匹配，并与各种工具的高效运用相融合，构建一个以数据和算法为核心的人力资源新型数据平台，可以在此基础上，对人力资源进行科学的分析与决策。

3. 智能管理后台

一个可扩充的人力资源云平台，就必须有一个非常强大的智能化的后台管理系统，它要围绕着每个公司的现实需求，来进行账户和授权的设置，对各种产品的使用进行对接/购买/打通/配置，并对各种项目的进展进行监测和分析，此外，还必须将数据分析和财务系统进行匹配。而这个系统平台是一个重要的工作平台，它可以被公司使用，让公司通过它来进行各个人力资源项目的设计、实施和数据决策。

4. 营销推广平台

人力资源云平台的运营商需要一个强大的营销推广平台，就好比打响了商品广告，让更多的人知道并购买。营销推广平台扮演着提供产品服务、拓展销售渠道、管理客户信息等角色。人力资源云平台运营商需要投入精力和资源，建设一个系统完善、高效运转的营销推广平台，以支持企业的市场拓展和业务增长，包括产品服务的设计、价格的制定、商城的产品展示、销售渠道管理、客户信息管理、销售项目跟踪、营销工具、代理商平台，等等。

5. PC与移动端结合的应用场景

为了让客户使用更加方便，减少由于繁琐的操作而造成的低效能、低意向性等问题，一定要以各类手机端的应用平台为基础，比如App、微信小程序、服务号，还要搭建一整套以电脑PC系统为基础的人力资源云平台，对各类工具、数据展示和进度跟踪进行配置，构筑加强的智慧后台和模块云。

（二）人力资源云平台的服务模式

① 线上平台租赁模式（订阅模式）：企业可以按照自身的需求选择相应的订阅套餐，以及相应的服务内容，按月或者按年进行支付，并在云端使用相关的人力资源管理服务。

② 线上平台（订阅）+线下地面服务模式：除了线上平台的订阅服务，企业还可以选择额外的线下专业顾问服务，如人力资源管理咨询、招聘流程优化、薪酬福利方案定制等，以满足更个性化、定制化的需求。

③ 线上工具购买模式：企业可以根据自身的需求直接购买人力资源管理软件和工具，并进行独立部署与使用，从而实现更加自主化的管理和定制化服务。

④ 线上平台（订阅）+线下培训顾问模式：除了线上平台的订阅服务，企业还可以选择线下培训顾问的服务，如员工培训、绩效管理辅导等，提供更为贴心和专业的帮助。

三、人力资源云平台的创新策略与实施

随着信息技术的发展，人力资源云平台的应用越来越广泛。人力资源云平台要在人力资源领域占有一席之地，乃至成为业界的标准，需要进行深入的技术革新。这里运用价值链分析和逻辑树分析等方法，对云计算环境下企业的创新战略和实现途径进行了研究。

（一）业务模式研究与设计

从顾客的需求开始，运用价值链模型对顾客展开深入地分析，并根据这些分析对产品和经营方式进行设计，这个过程中最关键的一点就是要全面深入地分析顾客的要求，发现潜在的商机，从而建立起一个公司内部的经营价值链。此外，公司还必须搭建工作团队，并在这个前提下，展开对公司产品及商业模式的创新和设计。

1. 搭建人力资源云平台服务的商业模式

如果要让人力资源云平台能够被大部分企业所使用，并且能够被绝大多数员工充分的使用，那么就一定要从最上层的设计入手，以对顾客的要求进行深入的洞察为出发点，运用价值链模型对平台进行深入的剖析与重组，从基本上创造出具有高顾客满意度的产品及服务，构建出一个新的人力资源生态系统。

（1）对顾客需要的理解

人力资源云平台是否能创造价值的一个最关键的条件就是它的功能能不能满足顾客的需要。例如，A公司成功的一个最重要的因素就是以以往的产品和服务为基础，在此基础上不断发展和迭代。因此，对客户的需要，尤其是潜在的需要，进行深入地研究、高效地梳理和处理，以此来为平台的产品和服务开发提供

一个输入，只有如此，才能达到针对性，才能更容易地形成精品、爆品。A公司已经组建了一个专业的产品小组，针对用户的需求，制定了一个研究和分析的机制，从传统的线下向线上过渡，并逐渐向线上方向发展。因此，一定要对用户的需求进行深入分析，从组织的绩效成长的视角来看，对标杆公司的典型实践进行学习，对公司人才的深度要求进行整理并评估，以此为依据进行产品的设计。

（2）构建企业的内在经营价值

以顾客的需要为出发点，构建企业的内部运作价值链，这是人力资源云平台的一大特色，需要深入地考虑：①顾客是什么？面向的对象是大型企业，还是中小型企业？根据公司的大小和所面临的人力资源问题，人力资源云平台的需求是有差异的；②人力资源云平台的产品包含哪些内容？一个成熟的人力资源云平台，包括了技术产品、内容产品、服务产品等多个方面。在此基础上，以各种产品和服务为基础，制定出不一样的价格；③如何进行市场销售？从市场的价值设计，到客户的获取，解决方案的设计，服务的提供；④怎样建立一个中间平台？从技术支撑到产品开发，再到投入生产；⑤为企业的后端提供高效保障，其中以人才与金融为核心，如何凝聚与培养一支高素质的企业队伍，并为企业的发展提供各种融资保障。

2. 优化产品/服务模式

（1）产品设计

根据实现形式和内容的不同，可以将人力资源云平台分成软件平台产品、内容产品、工具产品、服务产品四大类。"软件平台"的产品，是以一种"软件"的形式来供应的。与传统的"软件公司"不同，人力资源云平台更多的是以一种租赁账户的模式来为顾客服务。内容产品的重点指的是按照行业和模块提供的关于人才的专门知识，人才的云计算平台能够将大量的人才知识嵌入其中，让用户能够下载并进行在线编辑。工具产品是为了能够达到特定的要求，在进行了技术和内容的发展之后，最终所产生出来的一种产品。这些工具类产品通常具有一些特征，如具有准确的应用情境、容易的操作、直观的作用，这些特征通常都是人力资源云平台的核心部分。服务产品指的是支持软件、内容和工具，为了让这三种产品能够顺利地实现，要对公司的客户进行指导，通常是以咨询和培训的方式展开的。

（2）服务模式设计

一个好的软件能够让使用者自己去操作，没有复杂的后继工作，这也是我们在开发人力资源云产品时要遵守的一个非常重要的原则。但是，当前，国内的公司一般都存在着人力资源水平不高的状况，他们对人力资源云服务，尤其是对原创的互联网产品还不太了解，因此，就需要为其提供一些特定的专业服务，来确保其能够在人力资源云平台上实现高效落地。一是网上授课与指导，将各种作业中的主要技术动作与技能制作成指导手册，并将相应的教学内容记录下来，供使用者直接进行学习。二是公司落地指导，有专门的内容专家，为公司提供系统的使用、内容的制作、落地实施等方面的指导；也有可能通过专业的技术支援咨询师来进行远距离的问题解决，而联机的远距离辅导也是可能的。

（二）人力资源云平台创新策略

人力资源云平台作为一种新兴的事物，目前，在国内还缺乏特别系统的、典型的成功例子。我们可以参考国外的成功例子，但是不能直接复制过来，尤其是与我国的发展特征和现实情况不相吻合的情况。因此，我们需要进行深入的创新，从而在这个领域取得成功。

1. 商业模式创新

（1）独立运营公司/多种融资模式

一项新的服务，要发展得更快，就要改变原有的服务模式，去做、去试验、去更新。人力资源云平台企业要取得最后的胜利，在初期就会有大量的技术和运营资源的投资，并且还需要大量的资本来支撑，尤其是对于中小型的初创公司来说。解决融资问题的办法有很多，如众筹方式，在一个项目的初期，在一个新的产品还没有上市，一个新的业务模型还不清楚，想要获得投资者的投资非常困难的时候，就可以采用众筹的方式。另一种方式是采用内部合伙人模式，在核心技术人员、运营人员、服务人员等方面，给予他们一定的长期激励，减少他们的固定工资所占的比例，来缓解公司的资金问题。第三种方式，就是加强融资力量，设立一个专门的金融机构，雇佣一些专业的人士，来处理这些机构的财务问题。

（2）精益创业模式

一个完善的人力资源云平台包含了极其庞大和复杂的内容，如果一次性都研发出来，耗时长、成本高，并且在企业落地应用也很困难。一种很好的做法是，采取一种"精益"的创业模式，也就是在一开始，先发布一款足以让顾客惊讶的新产品，等新的产品上市之后，再把它交给顾客，顾客在使用过程中会发现新的问题，并提出新的要求，之后，公司会以一种缓慢的速度，一步一步地对系统进行升级，这样才能让这个新的体系变得更加完美。在此基础上，基于优秀企业家的经验积累，逐渐对人力资源的各项职能和模块进行优化，从而实现人力资源管理工作闭环，逐渐建立起一个实用、系统化、用户口碑良好的人力资源云平台。

2. 盈利模式创新

传统的人力资源软件大都采用了"一次购买"的模式，不管是进行个性化的开发，还是进行模块化的使用，公司经常要付出大量的成本来购买，这也是目前公司的人力资源信息化水平不高的主要因素之一。人力资源云平台采用一种新型的预订+出租+服务购买方式来实现其利润。而且还采用了一种"按年收费"的收费方式，在开始使用的时候，公司的成本仅仅是数千元，而且大部分公司不需要通过招标就能够做出是否购买的决策。

（1）订阅模式

经过对国际人力资源云平台和国内企业服务云平台的研究，结合人力资源云平台的核心业务，我们提出了面向人力资源管理的在线学习系统、组织招聘系统、绩效管理系统等定制化盈利模式。

在这种订阅模式下，公司可以根据自身具体需求，在特定时间期限内订阅相关模块的使用账户。每个模块都可以单独购买，购买的时限从一个季度到半年、一年、两年、三年，甚至五年都有可能。这样一来，用户只需购买所需要的服务和产品，而人力资源云平台也能够获得稳定的续费收益。

（2）低价高附加值工具产品

目前，市面上比较成熟的人力资源云平台的工具单体是评测，以北森为例子，它的平台上包含了各类素质、能力、领导力等评测工具。但是，就整个人才市场的总体要求而言，仍存在着许多亟待解决的问题，例如：产业的关键岗位薪酬调查报告，简易直观的人才盘点工具，精确的岗位画像，等等。这一类型的商品都有一个共同的特点：价格低廉，但是量大，且买且用。对于这种商品，就必须集中精力，深入了解顾客的需求，突破已有的商品模型，进行创意设计，打造爆品。在研发平台上，主要是针对目前最热门的手机应用，扫描一下就能使用，用过马上就能看到效果。

（3）线上+线下落地辅导

除了顾客购买订阅服务和相关的低价高附加值的工具产品外，很多公司还需要接受人力资源云平台服务公司提供的各种培训指导服务。这种培训可以采用线上和线下两种不同的方式。线下指导是一种传统形式，就像是平台派出专业的顾问到企业现场，以项目咨询的形式为企业提供服务。他们会针对企业的管理者、员工和人力资源从业者提供操作指导，帮助他们将各种项目落地实施。

3. 技术创新

（1）算法与大数据应用

与传统的人力资源管理软件的不同之处在于，人力资源云平台上，所有的用户的数据都会被聚集起来。为了方便用户阅读和检索信息，还必须加入当前最常用的方法。在这个过程中，通过对用户的搜索信息和个人标签的分析，自动将信息推送到用户的面前。此外，该系统还能够对数据进行自动运算，从而生成相应的报表或报告。比如，薪酬调查数据，以往都是通过一家薪资调查公司来获取的，如今已经不用了。在统一的人力资源云平台上，职位和薪资信息被规范化，根据后台的大数据和算法，会自动地生成薪资调查数据。并且，该数据是一个动态的、实时的数据，如果有一个领域中的公司的薪资数据发生了变化，那么该系统就会自动地计算出最新的数据。

（2）敏捷开发

人力资源云平台在软件开发方面需要遵循敏捷、高效的原则，因为与传统财务软件相比，人力资源软件较为复杂，缺乏统一的标准和模板，对于需求的变化和快速反应要求较高。

在人力资源云平台的敏捷开发中，需要快速确定需求，快速设计原型，快速开发上线后进行试验，然后进行快速迭代开发。这意味着开发团队需要具备快速反应能力，有能力快速适应变化，并且能够灵活调整开发方向。另外，在敏捷开发中，强调团队之间的高效沟通和协作，鼓励面对面的沟通，主张小而灵活的团队，提倡定期交付可运行的软件，从用户反馈中不断改进和完善产品。这种开发方式更加注重用户需求和体验，能够更快地满足市场的变化和客户的需求。

4. 营销与运营创新

（1）整合营销

在销售和宣传方面，利用网络，如微信、钉钉、今日头条，以及其他人力资源管理新媒介，建立一个三维的市场传播网络；在销售方式方面，主要是通过直接的方式，组建一个专业的销售队伍，并与其他各大城市中的一些已有经验的人力资源公司、软件销售公司等展开协作，形成一个共同的城市伙伴制度。

（2）重点培养人力资源专业水平

如果要让一个全新的东西被用户所认可，必然要进行一件事，那就是对用户进行教育与训练。这一点在人力资源云平台上尤为明显，因此，一定要把提高每个区域的人力资源从业者，尤其是公司的人力资源主管的职业能力当成是项目进行的一部分。经过对不同层次的人力资源从业者的训练，提高他们对人力资源云平台的认识，并在此基础上，对各种平台工具、数据应用技巧进行深入的研究，为下一阶段的引进做好充分的准备。

如果想要在人力资源管理的这个领域中，成为一个有竞争力的企业，就一定要努力地进行创新，在不断的尝试和总结中找到适合企业自身成长和发展的道路。

（三）人力资源云平台实施路径

重视对平台内容的构建，这是人力资源云平台建设工作的关键。人力资源云平台应当持续地对其在线的内容进行改进，提高在线的各种工具的开发品质，确保其产品的性能能够达到企业客户的要求。

1. 平台模块化，内容标准化

因为到现在，国内还没有制定出一套关于人力资源云平台建设的规范，所以，人力资源云平台建设过程中需要做的第一件事，就是要对这个平台展开模块化处理，这就需要打破以往的传统思路，建立起一个全新的人力资源管理模式,并且要将内部的运作逻辑给打开。在这个平台的内容建设上,也要有一个统一的规范,但切忌大而全。

(1) 平台模块化

传统人力资源模块包括人力资源规划、招聘、培训、薪酬、绩效、劳动关系六个部分,在过去的 20 年中,这个模型还能满足企业对于人力资源的需要,而现在,这个模型的划分,已不能满足企业规模化、企业变革发展的需要,因此它需要不断地更新。在对国内外众多基准公司的人力资源管理工作进行了深入的分析之后,新的人力资源云平台的功能可以分为以下几个部分:第一,组织发展,具体包含了组织结构设计、职位管理、组织顶层设计等内容;第二,业绩管理,包括业绩设计、计划管理、业绩进度、数据跟踪、业绩复盘等;第三,薪资管理,包括薪资设计、福利待遇等内容;第四,对员工进行盘点,其中包含了对一般员工的盘点,对干部进行的评估,对员工的绩效、敬业程度、专业程度和价值观等方面的评估;第五,招聘管理,提供各种招聘途径的连接,包括履历和招聘流程的管理、职位表的编制等;第六,培训管理,通过与平台上的各种培训信息进行连接,可以在公司内完成培训方案的设计、课程的管理、教师的管理、培训统计和成效评价。

(2) 内容标准化

为了满足不同企业客户的需求,有些人力资源云平台在功能的设计上,经常会选择大而全的方式。例如,一个绩效模块,它可以支持 KPI、OKR、BSC、MBO、360 度等考核方式。但是,如果我们对其进行深入分析就会发现,许多企业在绩效设计上都不懂得该如何去进行,因此,上面提到的这些考核模式,有许多都被证实是没有效果的。如果想让人力资源云平台拥有一批忠实的用户,并且能够得到顾客的高度认同,那么就一定要对其进行标准化,简化其功能,并将其统一,只有在这种情况下,客户才可以进行大批量的重复。而规范化的作业模板也将为高品质工业产品的迅速制作与系统引入提供便利。

2. 聚焦用户需求，内容生产与技术研发并重

（1）注重高质量内容生产

在进行技术研发时，要注重高质量的人力资源内容的生产，才能做到"拿来略加修改就能用"。人力资源云平台的内容生产包括以下几个部分。一是行业的人力资源的内容模板可以利用人力资源云平台来获得，只要稍稍调整一下就可以使用。二是人力资源软件的基础部分，如性格与职位的契合度，要根据不同的职业特点来进行性格和职位的契合度分析，将不同职业中的代表性职位，以不同的方式进行契合度的设定，以数据和计算为基础，将测试后的结果与职位需求进行比较，从而得出结论。

（2）全力推进算法/大数据中台和前台研发

在技术路径的选取上，力求使前台操作简洁、快速，后台数据系统清晰明了，这就要求构建一个以算法/大数据为核心的技术研究和开发机构，而不仅仅是一个单纯的文件储存系统，它应该是一个智能化的操作和数据系统。在客户展示、查询界面，可以参考当天的标题，采用瀑布式的方式，根据用户的查询、个人关键词，仅展示其最关心的内容。在各种软件的开发方面，要以算法为依据，比如个性与职位评定体系，它将算法和计算逻辑嵌入其中，在测试之后，就可以看出与目标职位相匹配的比例。另一个层面，就是在完整的平台数据的基础上，构建起一套完整的大数据中台体系，按照行业、地区等维度，对数据进行整合、清洗和计算，从而为公司的使用者们提供更多的决策支撑。

（3）以客户简单高效操作为核心出发点

人力资源云平台能够得到推广的一个关键因素就是它的操作快捷，操作快捷并不代表它的体系很简单，实际上，它的运行要非常的快速，并且要确保每一个项目的成功实施，就必须有大量的幕后产品和数据作为支撑。无论在产品的设计还是在系统的研发过程中，都要遵守"极简"的原则，尽量减少使用过程中所涉及的各个环节和各种行为，以便于迅速地对这些环节和行为进行推广。但是，这样的"极简"仅仅是对使用者进行了简单的处理，而对后台的处理，尤其是对资料的处理，则要求有一个立体的、形象的、完整的、客观的系统反映出实际的问题。

（4）按行业做精细化开发

传统的人力资源系统以其软件的功能为中心，但是，人力资源云平台这种新的人力资源系统，一定要能够适应不同行业的公司用户的不同要求，这就要求在平台内容的研发上，要按照不同的行业进行深入的众创和开发。可以采用行业内容众创的模式，公司建立一个专业的行业项目团队，对行业内容进行分类，在开发的过程中，将各行业的人力资源从业人员进行统一组合，并根据项目进行分配和管理。

3. 强化落地应用，侧重人力资源工具研发与应用

（1）以人力资源工具为侧重突破点

基于公司的人力资源业务需求，人力资源云平台要摆脱"大而空"的局面，更好地从人力资源需求的角度出发，以人力资源需求为核心，深入研究公司的用户需求，进行产品的创新，做好新品的开发与发布工作，并在人力资源云平台中构建人力资源业务驱动的运行体系。还必须持续地进行更新，对实践中的经验进行总结，对运营的关键环节加以提炼，并逐步对其进行深入地、持续地迭代，最后才能打造一个"拳头产品"，甚至是一个"爆款"的产品。

（2）狠抓客户典型应用

要让人力资源的工具更快、更好地普及开来，首先要做到的就是要有具有代表性的企业的使用实例。因此，企业的人力资源工具都会在正式发布之后，按照不同的企业类别，挑选出具有代表性的企业，然后成立一个特别的项目团队，进行具体的实践，总结操作过程中的经验和要注意的地方，最后再在各大营销平台上进行全面的宣传，让企业的顾客能够亲身体验，从而提高企业的经营目标。

（3）以客户口碑为核心运营目标

在对人力资源云平台进行评估时，最核心的因素并不只有一个经济指标，还有一个更加关键的因素，那就是顾客的口碑。不管是在云平台的系统中，还是在内容、工具产品中，让顾客感到高度认同并给予肯定的产品，才是一款好的产品。在产品的开发中，要注重顾客的感受，如销售对接、顾客服务等等。

参考文献

[1] 闫芃燕. 新时期人力资源管理体系的构建与创新优化［M］. 北京：中国原子能出版社，2024.

[2] 虞梁，杨龙. 数智化时代职业生命周期管理［M］. 上海：上海财经大学出版社，2024.

[3] 唐志红，周贤永，占堆. 数智时代人力资源管理理论与实践活页式［M］. 成都：西南交通大学出版社，2024.

[4] 张文明，李文婧，刘守勇. 人力资源管理体系与绩效管理研究［M］. 哈尔滨：哈尔滨出版社，2023.

[5] 周丽，王珏琏，朱王海. 数据科技人力资源管理［M］. 武汉：武汉大学出版社，2023.

[6] 吴艳华. 企业管理与人力资源建设研究［M］. 北京：中国商务出版社，2023.

[7] 水藏玺. 人力资源管理体系设计全程辅导［M］. 3版. 北京：中国经济出版社，2022.

[8] 朱建斌，蔡文. 人力资源管理数字化运营基于SAP SuccessFactors［M］. 上海：复旦大学出版社，2022.

[9] 彭剑锋. 人力资源管理概论［M］. 3版. 上海：复旦大学出版社，2021.

[10] 叶晟婷，孔冬. 企业人力资源管理操作实务本土企业人力资源管理之道与术［M］. 上海：上海财经大学出版社，2021.

[11] 任广新. 人力资源优化管理研究［M］. 北京：北京工业大学出版社，2021.

[12] 马燕. 人力资源管理与区域经济发展分析［M］. 长春：吉林人民出版社，2021.

[13] 黄建春. 人力资源管理概论［M］. 重庆：重庆大学出版社，2020.

[14] 李燕萍，李锡元. 人力资源管理［M］. 3版. 武汉：武汉大学出版社，2020.

［15］温晶媛，李娟，周苑. 人力资源管理及企业创新研究［M］. 长春：吉林人民出版社，2020.

［16］林丽琼，许皓，张云. 人力资源管理理论与实践创新研究［M］. 北京：中国书籍出版社，2024.

［17］李小洁. 现代人力资源管理研究［M］. 北京：中国财富出版社，2024.

［18］李霞. 现代人力资源管理及其新发展［M］. 长春：吉林摄影出版社，2024.

［19］邵雨薇，于红娟，齐秀华. 人力资源开发与管理［M］. 北京：中国建材工业出版社，2024.

［20］林立平，徐良，柳振华. 现代人力资源管理及其新发展［M］. 太原：山西人民出版社，2024.

［21］孙雪艳，原明毓，唐鹏中. 经济转型视角下的人力资源管理［M］. 长春：吉林人民出版社，2024.

［22］陈佳杰，刘蛟，雒国彧. 现代人力资源开发与管理实践新探［M］. 北京：线装书局，2024.

［23］张洁. 多维视角下的当代人力资源高效管理模式研究［M］. 长春：吉林摄影出版社，2024.

［24］张汉斌，栾亚丽，谷宁. 互联网+时代下的人力资源管理与创新［M］. 长春：吉林科学技术出版社，2023.

［25］刘雪. 现代人力资源管理创新与发展研究［M］. 长春：吉林人民出版社，2023.

［26］刘伟明，钟丽，马娟. 人力资源管理及创新研究［M］. 延吉：延边大学出版社，2023.

［27］毕杰，白铁军，崔广宇. 现代经济学理论与人力资源管理创新［M］. 哈尔滨：哈尔滨出版社，2023.

［28］赵佳. 基于大数据背景下人力资源管理创新模式研究［M］. 哈尔滨：东北林业大学出版社，2023.

［29］苗颖. 人力资源管理的发展与创新［M］. 北京：中国商业出版社，2023.

［30］史丽杰，薛文河，张运法. 人力资源管理建设发展与创新研究［M］. 北

京：现代出版社，2023.

[31] 梁金如. 人力资源优化管理与创新研究［M］. 北京：北京工业大学出版社，2022.

[32] 张洪峰. 现代人力资源管理模式与创新研究［M］. 延吉：延边大学出版社，2022.

[33] 赵娟. 新时期高校人力资源管理理论与创新［M］. 长春：吉林出版集团股份有限公司，2022.

[34] 刘敬涛，叶明国. 企业管理与人力资源战略研究［M］. 北京：中国原子能出版社，2022.